龐 超◎編著

實用形意拳

前 言 PREFACE

　　傳統武術是邏輯性非常強的實戰技藝，然而隨著傳播，越來越神秘化，導致教學思維不清晰，難以出功夫，在當今社會飽受詬病。實際上，傳統武術的邏輯完全不同於現代格鬥，如同英語的26個字母，與漢語拼音部分重合，然而組合起來卻完全不同。

　　本書會從武術練習最基礎的發力方式開始分析，一步步講述其表現形式。並逐步講解其基本原理和練習方式。相信對這項傳統武術的傳習和發展大有裨益。本書由龐超編著，轟江在本書的編寫過程中，提供了大量的支持和幫助，在此表示感謝。

微信公眾號：武術研究所

筆者武術師承：

形意拳
李存義—尚雲祥—韓伯言—韓瑜師父—龐超

八卦掌
楊明山—王榮堂—李文章、許志文—龐恆國師父—龐超

中國跤
張敬武—金寶生—（義父）王文永—王同慶師父—龐超

武術散打
梅惠志老師—龐恆國師父—龐超

目　錄
CONTENT

5 鑽拳

6 崩拳

1.1
內家拳看起來慢吞吞的，也可以實戰嗎？

　　武術是中華民族五千年文明歷史的智慧結晶，而內家拳是在武術幾千年的歷史基礎上，近幾百年形成的表現形式。

　　拳法本沒有內外之分，小說家們卻把它分出內外。習慣上，把太極、形意、八卦這三種看上去比較緩慢的拳法稱之為「內家拳」；把以少林拳為代表的出拳快速、身法敏捷的拳法稱為「外家拳」。隨著熱兵器時代的來臨，傳統武術日漸式微，逐漸遠離了大眾的視線。

　　慢吞吞的內家拳看上去，不符合現代人對於格鬥技

術的審美。現代人一提到實戰對抗，印象中必然是步伐快捷、出拳迅疾、姿態瞬變的狀態。

而內家三拳太極、形意、八卦，沒有一個符合現代人對於實戰技術的想像。動作看上去慢吞吞、軟綿綿，怎麼看怎麼不實用，怎麼看怎麼像是花架子。

就連很多內家拳練習者，也弄不明白內家拳如何實戰，他們的問題如下：

〈1〉為什麼練習形意拳要傻乎乎地站樁，慢慢地打拳？

〈2〉為什麼太極拳動作都是弧線的、軟綿綿的，這樣不會被人一拳打倒嗎？八卦掌一圈圈地旋轉，實戰也要圍著人轉嗎？

得不到想要的答案時只能美其名曰：「這些都是武術前輩的智慧。」

可是前輩到底為什麼創造這些，用現代人眼光看上去，完全不符合對抗原理的動作呢？

任何格鬥的底層邏輯都是發力，內家拳的發力體系與現代格鬥不同，於是產生了兩種截然不同的表現形式和方向。

兩者之間的區別在哪裡？很少有人說得清楚。

現代西方格鬥體系的發力方式叫作「動力鏈發力」，讀者可以查閱相關著作。根據這種發力方式，專家和學者建立了非常嚴謹的理論體系及訓練方法。由於理論清晰且訓練科學，所以現代格鬥體系發展進步很快。

而傳統武術的發力，筆者稱之為「拋放重心發

力」，即把自己的體重拋放出去，打擊對方的藝術，也就是通常所說的「整勁」（整體力量）。

太極拳的前輩在拳譜中用「氣宜鼓盪」來形容拋放自身重心的感覺，什麼是鼓盪？就是形容人體的重心像水一樣，在體內來回運動的感覺，前輩們用「氣」這個概念來形容這種狀態。

形意拳的前輩用「打起打落如水之翻浪」來形容練拳過程中的重心運動，即給人像浪湧一樣忽上忽下的感覺。

由於基礎的發力方式不同，所以內家拳的打擊方法、訓練內容、表現形式截然不同於現代格鬥。

現代人不瞭解這種發力方式，也沒有專門的著作來解釋這種發力模式。從而導致人們對於傳統武術，特別是內家拳產生誤解，本書將詳細地說明內家拳的原理。

武術界相對保守一些，個別老師知道拋放體重發力的訓練方法，但是不捨得拿出來教學。更談不到形成完整理論，將傳統武術發揚光大。因此傳統武術越來越晦澀難懂，很多朋友根本不懂什麼是內家拳的「整勁」，甚至連發力基礎都不了解，談何實戰？

傳統武術的現狀是集體缺乏拳法理論，很多人訓練方法錯誤卻全然不知。

內家拳是屬於東方文化邏輯下的傳統武術格鬥體系，與以西方文化邏輯下的現代搏擊格鬥思維完全不同，很多內涵值得借鑒。看上去緩慢或者無用的傳統武術動作，其實蘊含了縝密的實戰思維與邏輯。

1.2
傳統武術處於歷史低潮

如今對武術文化進行拷問，一小部分人認為武術是糟粕，是文化歷史上的騙局；而一大部分人認為傳統武術是優秀的，然而拿不出理論或者實際證據來證明。

為何認為武術優秀的人說服不了質疑武術的人？原因如下：

（1）真傳技術逐漸減少，理論體系缺乏邏輯

傳統武術的理論體系不完整，甚至幾乎不存在，任何事情想要合理解釋都要具備三個要素，即原因、過程和結果。

內家拳的練習看上去慢吞吞，但是一個動作為什麼這樣訓練（原因）？怎麼訓練（過程）？實戰中如何體現（結果）完全是模糊的。導致很多朋友花了數十年的時間追求探索武術真諦，最終卻收穫寥寥。

整勁、發力、肩胯分離等最基礎的內家拳理論，90%以上的朋友都理解有誤，談何訓練正確？

目前流行的內家拳大部分偏離傳統武術的本真。

本書的立意就是透過科學的力學分析、幾何原理闡述形意拳實戰中的理論邏輯，讓讀者真正明白形意拳動作為什麼這樣設計。對於太極拳、八卦掌等傳統武術愛好者，也具備很好的答疑解惑作用。

如果讀者在看書過程中，認為文字講解不足以描述出部分動作原理，那麼可以關注微信公眾號「武術研究所」獲取體驗課及教學影片。

（2）傳統武術職業化武師的消失

沒有任何一個存在至今的格鬥類項目是不具備實戰能力的。

拿不出實戰戰績，自然也說服不了對武術有誤解的人。傳統武術能否實戰？其實是一個業餘與專業對比的問題。

隨著鏢師職業在清末退出歷史舞台，最後一批傳統武術職業人消失在了歷史的長河中。沒有專業的傳統武術人，自然無法同專業的現代格鬥運動員進行對比。

就如同中醫愛好者與西醫專家辯論誰更優秀一樣，很難取勝。

作家格拉德威爾在《異類》一書中提出1萬小時定律：「人們眼中的天才之所以卓越非凡，並非天資超人一等，而是付出了持續不斷的努力。1萬小時的錘鍊是任何人從平凡變成世界級大師的必要條件。」

要成為某個領域的專家，需要1萬小時。如果每天工作8個小時，一週工作5天，那麼成為一個領域的專家至少需要5年。

現今已經沒有了傳統武術專業運動員，取而代之的是拳擊、摔跤、散打等現代搏擊專業運動員。他們從8～12歲就開始進行每天4～6小時的練習，17～20歲開始參加

專業競技比賽，25～30歲達到巔峰。

而傳統武術練習者每天能夠訓練2～3小時已經很難得了，訓練量導致了水準的業餘化。並非傳統武術不能打，而是業餘的永遠無法與職業的相比，如同西醫愛好者與西醫專業醫師無法比較一樣。

沒有人會說拳擊、摔跤專業隊不厲害，如同民國及以前的專業武術家每天訓練5～6小時，能說他們不厲害？

傳統武術今天處於低潮的重要原因，並非傳統武術本身能否實戰，而是缺少了職業化的專業武術運動員。

如果傳統武術沒有實戰意義，不會流傳到今天，早已被時代所拋棄。

現在有很多武術愛好者對傳統武術的實戰能力存疑，如果不透過理論邏輯及科學的技術解析，解開武術的神秘面紗，這門歷經千年打磨而成的藝術終將被時代所拋棄。

（3）傳統武術業餘化無法進行選材與淘汰

西方思維的競技體育是優勝劣汰的思維，如果一個人的力量、心肺功能、耐力、速度等達不到要求，就會被淘汰。隨著訓練，每個人的學習能力也不一樣，在實戰中的表現自然不一樣。低級別隊內水準差的被淘汰，水準高的進入高級別隊，甚至繼續向上深造。

從體能各項素質上來說，低級別隊選手可以說是百裡挑一。著名格鬥運動員經過層層篩選，可以說是萬里挑一。即使不練格鬥，等閒幾個人也近他不得。

　　因此，拿業餘的傳統武術練習者與專業的格鬥運動員進行對比，除了訓練時間不一樣，從選材上也是不公平的。

　　傳統武術過去的是優選，即徒訪師三年，師訪徒三年。看上去練不出來的，就不會有學習的機會。但現今傳統武術不具備這種選材條件，生活中最常見的是「你身體不好，跟我練練形意拳吧」。

　　然而，如果身強體壯是成為武林高手的先決條件，那麼很多大師絕對沒有成名的機會。

　　傳統武術自古以來號稱「可以令弱者變強」，憑什麼？憑的是其強大的訓練體系和格鬥邏輯。現代傳統武術失傳的根本原因是這套訓練邏輯得不到廣泛科普，很多武術練習者對於內家拳的理解是錯誤的。

　　形意拳大師尚雲祥身高不足1.6米，多次拜師李存義不果，為練拳花光家產。後來憑藉過人毅力練出驚人武功，成為當時的武林巨擘。他身材矮小，就動腦子研究形意拳的發力與槓桿，靠智慧彌補身體上的不足。

　　因此，這個流派的形意拳理論體系非常清晰，這是尚先生的功勞。

　　霍元甲幼年體弱，父親霍恩第不讓他習武，擔心其習武後有損霍家名聲，拒不授藝於他。後來霍元甲透過對迷蹤拳的刻苦訓練成為一代宗師。

　　洪鈞生自幼體弱多病，17歲因病輟學。只能每日散步鍛鍊身體，後經由太極拳的科學訓練成為一代宗師。

　　如果一個人足夠強壯，隨便練練就比他人厲害，很

容易驕傲自滿故步自封。反而是身體素質不好，先天瘦弱的人，為了能夠自保而刻苦訓練成為高手。

　　無論傳統武術還是現代格鬥，超越自己這個主題永遠不會變，而超越先天弱勢來自正確科學的訓練體系。

1.3
形意拳在武術史上的地位

　　少林拳、形意拳、太極拳、八卦掌是我國四大名拳，其中形意拳具有好學易練的特點，歷史上人才輩出。特別是在清末民初大放異彩，湧現出郭雲深、李存義、尚雲祥、孫祿堂等眾多武林高手，他們為中國武術的發展做出了卓越貢獻。

　　郭雲深號稱「半步崩拳打遍黃河兩岸」，與八卦掌祖師董海川切磋，將形意拳、八卦掌合為一門。

　　李存義在1911年與葉雲表在天津創辦中華武士會，掀起武術強國風潮。後任教上海精武體育會、南洋公學院等。一生中多次公開比武，在北方武術界威望甚高，被尊稱為「一代宗師」。

　　尚雲祥先拜李存義為師，後得郭雲深真傳。他體弱瘦小，身高不足1.6米，但卻以「大桿子」「半步崩拳」「丹田氣打」及實戰武功名震武林。習形意拳後與人交手無數，享譽武林。

孫祿堂號稱「虎頭少堡」和「天下第一手」，其著作《形意拳學》《八卦拳學》《太極拳學》《拳意述真》等流傳至今，為後人的內家拳學習提供了原傳教材，並且培養了眾多優秀武術家。

1.4
形意拳在武術史上的格鬥表現

1929年在杭州舉辦的國術遊藝大會是第一次真正中國武術的擂台搏鬥，該比賽由浙江省國術館承辦，遍邀各派高手。其規模空前，在近代武術界很有影響。

據說當時比賽異常激烈，傷筋斷骨時有發生，被稱為「拼命擂台」，有人甚至把棺材都抬來了。武術大師、高僧異道也紛紛出動，比賽最後的優勝者大多是中央國術館的學生，相當於現在的國家隊。

賽事中獲勝的前10名選手匯總如下：

第1名：王子慶，中央國術館，主修少林拳術和摔角，賽後拜在孫祿堂先生門下學習形意拳。

第2名：朱國祿，江蘇警官學校，主修形意拳，也跟隨哥哥朱國福學拳擊，賽後拜在孫祿堂先生門下學習形意拳。

第3名：章殿卿，主修形意拳，精通翻子拳和摔角，

賽後拜在孫祿堂先生門下學習形意拳。

第4名：曹宴海，中央國術館，主修通背拳、劈掛拳，賽前在孫祿堂、李景林門下習藝。

第5名：胡鳳山，江蘇國術館，在孫祿堂先生門下學習形意拳。

第6名：馬承智，江蘇國術館，主修少林功夫，在孫祿堂先生門下學習形意拳。

第7名：韓慶堂，中央國術館，精通少林功夫、螳螂拳，尤其擅長擒拿術。

第8名：宛長勝，山東省政府，主修查拳。

第9名：祝正森，青島國術館，太乙門。

第10名：張孝才，山東省政府，與第8名宛長勝是師兄弟，跟隨師傅馬金鏢學查拳。

這10人中有三位選手賽前就以形意拳為主修技術，賽後又有三名選手拜師孫祿堂學習形意拳，可見形意拳的實戰性為當時世人欽佩，其廣泛塑造人才的科學性也吸引了這些高手前去學習。

1.5
現代格鬥的思維邏輯與傳統武術不同

由於傳統武術的發力技術與現代格鬥的發力方式不同，因此導致了傳統武術的很多技術動作在現代人看來似

乎不合理。然而形意拳有一套自己的實戰邏輯，完全不同於西方競技體育，非常具有優勢並且值得我們參考。

　　現代格鬥相比傳統武術有以下不同點。

　　〈1〉發力方式。

　　〈2〉對抗過程中的距離控制。

　　〈3〉對對方的重心控制。

　　〈4〉時間差。

　　〈5〉打擊思維。

　　本書按照以上五點根據筆者習練的內家三拳（形意、太極、八卦），並結合散打、中國跤等對抗項目的經驗，嘗試闡述形意拳中蘊含的訓練邏輯與實戰邏輯。

　　作為傳統武術形意拳首次系統地與現代技術體系進行理論對比，希望能夠引發讀者的思考與討論，重新喚起我們對於傳統武術的探討與熱愛。

傳統形意拳與現代格鬥的發力方式不同，導致以形意拳為代表的內家拳形成為難以被現代人理解的打擊風格，我們首先分析西方競技思維下的現代格鬥風格。

2.1
動力鏈發力構成現代格鬥的基石

現代格鬥體系的發力方式稱為「動力鏈發力」，這種發力方式構建了所有現代格鬥項目的實戰和訓練風格。

例如，想要打出一個有力的後手直拳，需要按照發力流程進行。即蹬地、轉腳、轉腰、送肩、扣腕，直至將力量送達拳面。所有在動力鏈上的身體部位都參與做功，

圖1

以匯合打出較大的合力。（圖1）

動力鏈的發力有以下幾個特點：

（1）距離是爆發力的關鍵

以右直拳為例，任何拳法的穿透距離最多為一個拳頭，大約5cm。即對方只要後閃5cm，即使打中後的力量也很小了。（圖2）

而對方也會盡量後閃、下潛、左右躲閃開這段距離，從而損耗進攻方的力量。西方競技思維非常重視距離，一定要在最合適的距離打出相應的拳法，才能讓這一拳的力量發揮到最大。

一方調整距離，對方也會調整距離，一次擊打通常無法達到理想效果。因此需要高頻率多次打出組合拳，直到至少一拳造成重擊效果。

儘管腿的力量相對較大，爆發出最大力量的距離依

圖2

然是5cm左右。如果對方錯開這段距離，攻方的擊打力量就會大打折扣。因此在格鬥過程中需要調整好距離，才能發出最大力度的打擊。

於是現代格鬥運動員需要保證大量的體能儲備和距離感訓練，因為現代格鬥是「距離的鬥爭」。如果沒有合適的距離，寧可遠程調整，以求一擊達到最佳效果。

（2）動力鏈發力過程易被打斷，因此需要使用高頻率組合拳擊打

在動力鏈發力環節中，只有肢體的頂端才具備最大力量。例如，打拳的最大力量在拳頭上，肘擊的最大力量在肘尖上，踢腿的最大力量在脛骨上，頂膝的最大力量在膝蓋上。

這種發力方式的中途任意一環被阻礙，將無法繼續發力。

例如，對方格擋住擺拳。攻方拳頭上的爆發力就大

圖3

圖4

打折扣，甚至無用。於是需要收拳，再打第2和第3拳，形成現代格鬥高頻率的組合拳打擊風格。（圖3）

同樣，對方拍擊攻方前手直拳，發力鏈條被打斷，左拳爆發力損耗，需要換右手拳繼續進攻，兩拳連續的高頻率進攻，是擊打到對方的主要條件。（圖4）

現代格鬥運動員都會努力訓練，各種拳法組合之間的連貫性與連接速度，以更好且持續地利用動力鏈發力擊打對方。

在打中對方的一瞬間，我方發力鏈條也被打斷。人

體是一個從頭到兩腳的
穩固三角形，我方很難
一拳打破對方的防禦間
架。於是需要收拳再打
第2乃至第3拳，形成現
代格鬥的兩拳交替擊
打、快速美觀的特點。
（圖5）

圖5

　　由於傳統武術內家
拳的發力方式能夠破壞對方三角形的穩定性，所以表現的
形式不同。

（3）現代格鬥需要較強的身體素質

　　現代格鬥體系為了在對方格擋的情況下依然具備穿
透力，需要進行力量訓練。

　　其中的一個達標標準是臥推的力量達到自身體重的
1.5倍，負重深蹲的力量達到自身體重的2倍。

　　這就導致了一些先天身體素質不好、體能不強的人
無法通過篩選，失去成為格鬥運動員的資格。

（4）自身重心穩定，互不干涉對方重心

　　現代格鬥節奏明快，保持身體平衡是打出組合拳的
基礎。

　　如果現代格鬥運動員重心不穩，很難打出連貫的組
合拳。

因此，現代格鬥的動力鏈發力，要求打出的每一拳都要維持自身重心穩定。在重心穩定的前提下，形成雙方節奏明快的格鬥風格。

傳統武術講究拋放體重發力，利用自己的重心撞擊對方。自身重心需要移動，反而是不穩定的。

內家拳，特別是形意拳要求落步成樁，即隨著自己的移動隨時調整重心，這樣的打擊風格就不可能節奏明快。

現代格鬥節奏風格的形成有以下兩種原因：

◆**重心：**動力鏈式發力很難撼動對方的重心。（圖6）

實戰過程中人體高度緊張，頭和雙腳構成一個三角形的結構。只要對方做好防守，下沉重心，重心的重力垂線與地面水平面就是垂直的。對方用自己整個身體的力量與我方的直線打擊力量抗爭。

因此，現代站立格鬥體系通常雙方都是在重心穩固的前提下互相高頻率擊打，形成節奏化的進攻風格，比賽看上去具有觀賞性。

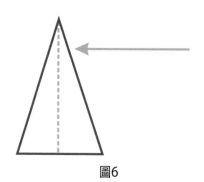

圖6

如果有對重心的控制，節奏就會消失。

柔摔風格的格鬥技術與站立格鬥的節奏差異相當大，以重心控制為主的摔跤柔道，戰勝對方完全不依靠高頻率進攻，而是撬動對方的重心，只需要把對方扛起來砸在地上即可。在早期UFC賽場上，一個拳擊運動員面對摔跤運動員，原來的快速擊打節奏常常被打亂。

柔摔系與站立系的格鬥的風格區別很大，所以訓練流程截然不同。站立格鬥更多地練習出拳速度組合拳頻率，而摔跤柔道則由把位控制及各種打入投入的練習，不停地練習重心控制。

傳統武術從拋放體重的發力方式開始，不同於現代動力鏈發力體系。從而導致了距離、爆發力量方式、重心控制、打擊落點等完全不同，形成了大部分現代人看不懂的結果。

◆**消耗：**人體關節屈伸，存在力量的自然損耗。

人體骨骼由多個關節構成，動力鏈發力的方式如蹬地、轉腳、轉腰的巨大力量等由一個個關節會產生損耗。

即使對方不動、抱好頭任由對方擊打，由於肘關節、肩關節的自然緩衝，因此力量也會打折扣。

現代格鬥體系也要求手臂盡量不要完全伸直，直拳打出大小臂微微有弧度扣腕，減少打中對方後手臂產生彎曲的緩衝。

然而由於動力鏈發力很難打破對方的重心，所以需要兩拳交替擊打。最終形成了以高頻率，雙手交替進攻的方式擊打對方。

（5）兩拳交替的時間差

雙手交替打擊時，在打中目標之間有一個時間差，它是所有格擋、下潛、躲閃、反擊的先決條件。雖然訓練過程中會盡量縮短時間差，但是這個時間差客觀存在；否則以上的防禦技術就沒有存在的必要了。

反觀傳統拳，特別是形意拳在五行拳的鍛鍊中幾乎一步一拳，很少一步發出兩拳，看上去顯得較慢。

實際上形意拳中劈拳的設計思維是左手被對方擋住，利用肘、膀、胯等其他關節繼續攻擊對方。因為前手被格擋，所以離對方最近的是前肘，縮短了兩拳交替之間的時間差，看上去就不如現代格鬥的兩拳交替更快。而是手臂緩慢，腰身的快速旋轉，經由接觸點控制對方重心。

然而現代格鬥體系並非不關注控制重心的重要性，例如泰拳。

近身之後泰拳為了更好地利用膝擊，用箍頸的方法控制住對方的重心，重心控制好的拳手在內圍戰鬥中會獲得更大的優勢。

拳擊近身後利用踩腳戰術控制重心，這和內家拳中的暗腳技術大概相同。例如，拳王帕奎奧與馬尼拉的比賽中一方踩住另一方的腳進行重拳擊打，以此證明控制重心是卓越有效的。

控制了對方的重心，對方需要逃脫控制才能與攻方對抗，逃脫之前都是被動的。其實重心控制是很有效果的，不過由於動力鏈的發力很難控制對方重心，所以遠程打擊的時候大部分技術不涉及重心。

　　由動力鏈的發力方式構建了整個西方文化思維邏輯下，現代搏擊體系的如下特點：

　　（1）**距離**

　　雙方遠近距離快速調整，創造合適發力的距離。

　　（2）**節奏**

　　單拳發力被打斷後，雙拳組合交替攻擊。

　　（3）**力量**

　　速度力量訓練可以增強實戰中的爆發力。

　　（4）**重心**

　　自身重心要穩定，難以透過發力控制對方重心，於是雙方有節奏地對攻。

　　（5）**時間差**

　　兩拳之間的時間差是所有防守、躲閃、迎擊技術存在的先決條件。

　　凡是不符合以上5個特點的武術常常被現代人認為是「花架子」，現代人按動力鏈發力的風格作為標準，看待傳統武術，看不懂很正常。

　　而傳統武術的形意拳號稱「脫槍為拳」，其訓練目的是空手操練，可以由遠程拳腳的擊打破壞對方重心。從而拿上刀、盾、槍出現在戰陣中也可以採用重心的變化化解對方力量，攻擊對方。

╋ 2.2
冷兵器格鬥，動力鏈發力無用

傳統形意拳是由冷兵器對抗形成的，空手練習方法如形意拳脫槍為拳和八極拳採用的持盾持刀的姿勢。

圖7

古代戰場為了降低傷亡率，士兵普遍身披甲冑。冷兵器格鬥時首先考慮的就是破甲，無法穿破甲冑的發力方式是被放棄的，動力鏈發力攻擊容易被對方鎧甲阻隔，不具備太多的穿透效果。

例如，我們現代武術套路中的弓步刺槍的動作。弓步站立，手持槍從腰間向前刺，到達手腕的位置。（圖7）

如果對方抓握槍頭，阻止刺槍的力量前進。在有阻力的前提下會發現槍很難向前發力刺出，幾乎完全沒有作用。

這是因為動力鏈發力，所有的力量都是沿著直線前進的，刺中對方鎧甲。對方是一個穩定三角形，用所有體重抵抗攻方直刺的力量，阻力非常大，攻方蹬地送手的直線力量很難穿刺進去。（圖8）

而真正的刺槍技術完全不是動力鏈發力，而是蹬腿身體前傾。整個身體前衝加前俯，利用體重撞擊力傳到刺刀上，這樣依靠體重力量很好地穿透。

圖8

攻方的動力模型更接近於圖9。

但這種把體重撞擊力往前送的發力方式是現代格鬥體系不能應用的，這是因為身體一旦前傾後仰，勢必給下一拳的連貫性製造巨大麻煩；同時

圖9

無法保證步伐的靈活性。因此拋放體重發力，用體重撞擊到對方身上，造成內家拳所謂發放效果的動作在現代格鬥體系看來是完全不合理的。（圖10）

以形意拳的劈拳發力為例，在對方雙手環握，模擬用整個體重抵抗我方打擊力量的狀態，劈拳實際就是冷兵器格鬥中手持盾牌撞擊對方的訓練。

由於陣戰中必然是集體作戰，前後左右均有人，無法透過後退和左右移動躲閃對方攻擊，所以持盾撞擊，要讓對方重心不穩，方便我方後手持刀進攻。

圖10

發力要求取代動力鏈發力，而是用蹬腿把體重重力沿弧線拋出撞擊到對方身上。從而使對方站立不穩，形成前後歪斜的狀態。

當對方全力抵擋時重心會被移動，而實際空手搏鬥中對方通常用一個手臂格擋，難以防禦住這種發力方式的進攻。我方就可以打破對方手臂防禦，撞擊到對方軀幹令其重心不穩，對方重心歪斜的時候難以反擊我方。而現代格鬥在前手被格擋再換後手擊打，在對方重心穩定的情況下，隨時可以反擊我方。

體重發力模型如圖11所示。

用蹬地的力量啟動重心，使身體前傾把重心拋起來撞擊到對方身上，這種發力能夠很有效地破壞對方的重心。

在冷兵器戰鬥中，即使刺擊穿透性不足，也會使對方重心不穩無暇反擊我方，方便我方繼續後續進攻。而內家拳，特別是形意拳的發力風格完全摒棄了動力鏈發力，而是具有拋放重心發力的獨特發力風格。

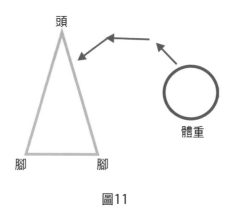

圖11

這種發力方式導致了內家拳的實戰風格和訓練風格完全不同於現代格鬥。

2.3
形意拳的拋放體重發力

形意拳的發力方式與現代格鬥截然不同，古人形象地稱為「用力如反弓」。

人身從頭心到尾閭的脊柱類似一條直線，即軀幹，而軀幹就是人體的重心位置所在。

形意拳由脊柱的彎曲，像弓一樣把自身重心拋放出去，沿著各個方向撞擊對方。（圖12）

這樣一種打擊力量不同於動力鏈發力，更相當於用

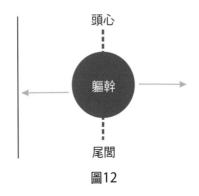

圖12

自己的體重撞擊對方的體重，這是所謂內家拳的整勁。

因為對方抵抗也是站穩形成三角形，用體重抵抗打擊，所以這種發力瞬間容易讓對方站立不穩，無法反擊我方。

而動力鏈式的發力很難做到這種效果，因為動力鏈發力也加上體重前衝會造成如下後果：

〈1〉重心前傾，後拳連續性無法保證。

〈2〉手腕的力量無法承受體重的撞擊，挫傷手腕。

所以，形意拳的劈拳和鑽拳等打擊更多的是用小臂接觸對方。

人只有兩條手臂、兩條腿、一個頭，所以全世界的格鬥技術都差不多。確實是這樣，但是人還有一條脊柱。

這個脊柱的存在讓形意拳的發力與現代格鬥的發力體系不同，構成了與現代格鬥技術完全不同的實戰體系邏輯。

現代格鬥有後手直拳，形意拳的崩拳動作與其相類似。如果按照現代發力思維進行崩拳發力，那麼大概是轉

腳轉腰，令拳頭從A點位移到B點的一個過程。（圖13）

　　然而形意崩拳的發力並非依靠動力鏈，假如對方摁住我方的手臂，我方蹬腿屈伸手臂，按照動力鏈思維發直拳，對方很容易頂住不讓我方打出拳。即我方克服不了對方的阻力，這不符合冷兵器格鬥的思維。（圖14）

圖13

這與現代格鬥技術體系一拳打中對方之後，很難再繼續發力破壞對手重心，而是需要進行二次攻擊的原理一樣。動力鏈發力無法打破對方阻擋，需要雙拳交換進行高頻率組合擊打，不同的發力方式導致了打鬥風格的截然不同。

圖14

　　形意拳的崩拳的發力並非屈伸手臂，因為當對方給我方阻力，我方的手臂動不了。雖然看上去的後手拳頭是從A點過渡到B點，主要是身體位移發力，身體經過了如下3個方向的運動。

　　〈1〉後退，重心後移（包含現代格鬥後閃）。（圖15）

　　〈2〉屈膝折胯下蹲，重心上下方向移動（包含現代格鬥下潛）。

　　〈3〉左右調胯，由身體旋轉重心前後撞擊手臂，把拳頭送到B點。（圖16）

　　用重心撞擊的力量對方，使其失去重心。

　　這種重心移動的發力方式，手臂鎖死不動抵抗住對方壓力。重心進行一個圓弧移動，從而將整個體重撞擊到對方身上。（圖17）

　　這裡所謂的重心大概是在腹部到後腰，通常所謂的丹田位置。

　　崩拳中的重心也是所謂丹田，它做一個下弧線運

圖15

圖16

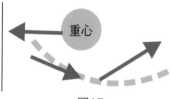

圖17

動。即使對方用整個體重阻擋我方的進攻，我方也用整個體重的力量破壞對方的重心。用我方的重心撞擊對方的重心，如同撞球中白球碰黑球一樣，觸擊而動。

這種身體重心的運動在拳譜中叫作「打起打落如水之翻浪」。

如果我們能夠透過這種遠程發力一擊影響對方的重心，並且後續由接觸點不停地調整讓對方重心不穩，就會形成形意拳的如下實戰風格。

〈1〉接觸後以腰身旋轉撞擊對方重心。

〈2〉接觸對方的手後盡量不收回來，繼續控制。

〈3〉每出一拳必須撞擊對方重心，拳譜中叫作「把

把虎撲」。

　　為了控制對方重心，接觸到對方的手盡量不收回來。而是以腰身旋轉改變對方重心，於是手動得少，導致了現代人認為形意拳的動作慢吞吞。這確實是手上慢，手臂三角形盡量穩固不動。但其實腰身轉動很快，王薌齋老先生稱之為「身勤手懶」。

　　拋放體重發力與動力鏈發力，最大的區別就在於手臂的屈伸。

　　〈1〉動力鏈發力必須要伸直手臂，讓力量由蹬腿、轉腰、送肩、伸直手臂的通道流通。中間有一個環節出現問題，通道無法形成，發力就大打折扣。

　　例如，如果不轉腳、腰轉動不充分、送肩不充分，或者手臂沒有屈伸到位都會導致出拳力量的減小。

　　而且對方也會盡量抵抗攻方的發力鏈條，只要受阻礙則無法突破，於是要換後手擊打，形成組合拳。

　　〈2〉拋放體重的發力必須要維持手腕、手肘、肩膀

圖18

的三角形穩定結構，盡量不要產生屈伸，才能在體重撞擊到對方身上的時候不損耗太多力量。如前所述，形意拳中崩拳的發力，是我們重心由自己手臂的三角形撞擊對方重心。如果我方手臂的三角形變化太多，會緩衝掉大部分體重的力量。從而導

致對方受力減小，所以會藉由站樁這種形式進行身體三角
形結構的訓練。（圖18）

　　在傳統內家拳中用震腳、手臂屈伸的發力方式是錯
誤的，不符合其發力風格要求。既撞擊不動對方的重心，
也不符合「脫槍為拳」的意義，在實戰或者推手中毫無用
處。（圖19）

圖19

　　傳統內家拳中存在的最大的誤區就是「立身中
正」，立身中正在訓練之初無法把體重拋放出去。只有身
體的俯仰才能讓體重像水一樣在人體內流動，撞擊對方。

　　現代格鬥邏輯必須身體盡量立身中正，才可以維持
重心的穩定。為快速移動，組合拳發力提供平衡基礎，而
傳統內家拳不是。

　　人們都喜歡直挺挺地練拳，現代人由於不明白內家
拳的訓練邏輯，所以把結果當做訓練過程。

　　看前輩孫祿堂與孫存周父子推手的照片，會發現孫

祿堂幾乎全程立身中正就可以化解孫存周的力量。而孫存周則一直前俯，嘗試把體重壓迫到對手的身上。

如果孫存周前俯的動作是不對的，其父一定不允許拍成照片傳世。眾所周知，當時拍照價格不菲。

我們上來就追求立身中正的最高境界，忽略了孫祿堂前輩的中正狀態是經歷了孫存周的俯仰過程之後形成的。沒有孫存周身形階段的練習，直接追求立身中正，與看到蘋果樹上長出了美麗的果實不去種樹，而是憑空想像獲得果實一樣，屬於緣木求魚。

身體直挺挺地練拳也不符合拳譜的要求：

《太極拳論》中說過「俯之則彌深，仰之則彌高」，練功過程中一定伴隨俯仰的狀態。

孫祿堂在《拳意述真》中說：「形意拳中存在極高、極俯、極矮、極仰的狀態。」在形意拳的練功過程中，一定也有前俯後仰的瞬間存在。（圖20）

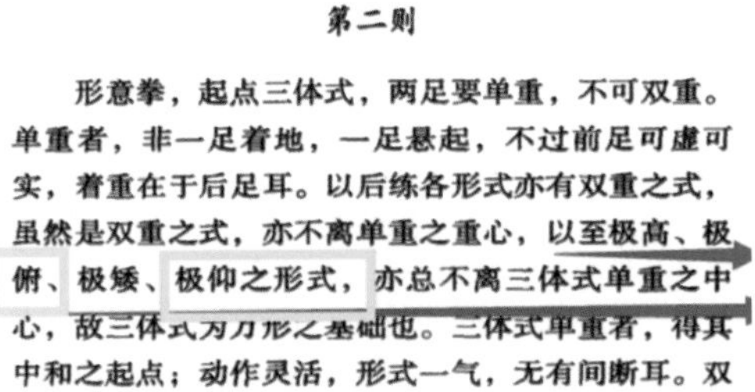

第二則

形意拳，起點三體式，兩足要單重，不可雙重。單重者，非一足著地，一足懸起，不過前足可虛可實，著重于後足耳。以後練各形式亦有雙重之式，雖然是雙重之式，亦不離單重之重心，以至極高、極俯、極矮、極仰之形式，亦總不離三體式單重之中心，故三體式為刀形之基礎也。三體式單重者，得其中和之起點；動作靈活，形式一氣，無有間斷耳。雙

圖20

太極拳也是以緩慢的動作，訓練重心伴隨著身體的俯仰前後位移，如同瓶子中的水一樣來回鼓盪，從而達到用體重把對方撞擊出去的效果，所謂搭手人飛，牆上掛

畫。（圖21）

　　八卦掌以蹚泥步、推托帶領、搬攔截扣的動作，達到八卦如推磨，碾壓對方重心的效果，因此從發力而導致的訓練風格就直接不同於現代格鬥。

　　直挺挺地打拳，只能稱之為「僵屍拳」。近代武術家王薌齋先生發現了這個問題，即大多數人都是伸手臂伸腿的局部用力練武，因此他放棄了拳法套路。從形意拳、太極拳、八卦掌中提取精華動作，創編了以站樁和試力為主的意拳（大成拳）。

　　形意拳老前輩尚雲祥所謂的翻浪勁，也是重心的拋放。隨著廣泛傳播，核心技術逐漸消失，現代很多習武者又做成了局部的運動，令老前輩的努力付之東流。

　　直挺挺地練拳對於健身鍛鍊效果也差，沒有俯仰怎麼會運動到腰？強腰固腎，練到腰才能強壯！

　　不進行身體運動自然無法練習身體，動手劈腿的傳統武術連強身健體的能力都達不到，何況實戰技擊？

　　「出手橫拳，把把虎撲」是形意拳的總綱，每個動

圖21

作都要達到這兩個效果。其中虎撲就是指體重拋放，像老虎撲食一樣，達到控制對方重心的效果。

「氣」在傳統文化中是一個代名詞，我們可以理解成為現代數學中的「少變變量」，根據情景不同有不同的意義。如風清氣正，這裡的氣指的社會秩序；神清氣爽，這裡的氣指的精神狀態；中醫的氣指的是營衛之氣。

武術中的氣，如「氣易鼓盪，一氣之起落」，往往是指的重心的變化。讀者不要把氣作為一個固定解釋，可以根據所處的語境不同給行不同理解。

2.4
形意拳發力風格導致不同的打擊風格

動力鏈發力形成了現代格鬥的風格，內家拳拋放體重發力形成了傳統風格的表現形式。

兩種風格都沒有高低之分，各有各的思維邏輯，目的都是克敵制勝。瞭解二者之間的區別，互相參詳會更好地提高自身的技術。

傳統的形意拳的表現形式主要如下：

1‧距離

形意拳因為不是動力鏈發力，而是拋放體重發力，

所以在訓練過程中更強調零距離發力。也就是李小龍所謂的「寸拳」，即不允許手回收再發出巨大的力量。

　　零距離發力捨棄距離，目的是更好地訓練體重撞擊。在零距離的情況下能發出足以破壞對方重心的力量，拉開距離遠程對抗，憑藉慣性發力會更加巨大、流暢。

　　由於越接近對方，力量的損耗越小，所以形意拳會有很多用膀胯撞擊對方重心及身體的動作。對傳統武術來講，距離越近越容易特點發揮，遠距離則可以兼容現代體系。（圖22）

圖22

　　現代格鬥體系的動力鏈發力，決定了單人練習的風格。例如，空擊和打沙袋都要符合其距離多變、出拳連貫、頻率快捷、重心穩定的特點。

　　內家拳以緩慢的動作訓練重心的拋放，在單獨練習過程中，摒棄了快速移動的現代風格，而是要求動作的每個環節都能盡量把體重拋放出來。透過緩慢的套路動作練習，讓重心的位移融匯在運動的每個過程中，形成發力習慣。

所有的格鬥距離都分為兩類，一是互相碰觸不到的安全距離；二是能夠相互接觸的擊打距離。

現代格鬥體系遠程快速移動，高頻率出拳。但是對方的重心始終穩固，隨時可以對我方進行反擊。接近可以獲得打擊距離，但是無法控制對方。如果無法擊倒對方，則需要迅速撤出再組織進攻。但形意拳用於移動擊打時，一接觸對方即破壞重心，令對方難以反擊。不回收繼續施用接觸點控制對方重心，一旦距離足夠就壓著對方重心進攻，相對來說更經濟實惠。

如果現代格鬥體系參考東方的傳統武術，可能會更好地豐富運動員的技術體系。

2．發力：內家拳用弧線動作發力的含義

（1）動力鏈直線打擊與拋放體重，弧線發力的受力分析

人是一個從頭到兩腳構成的三角形結構，穩固性相對較好。只要重心垂線不傾斜，即可能用兩腿蹬地的力量，以及腰腹的力量對抗直拳打擊。

如圖23所示，紅色箭頭示範直拳的直線打擊，對方以穩固的黑色三角形結構進行抵抗。

現代格鬥體系的直線發力很容易被三角形阻住，無法打破對方三角形平衡，必須依靠高頻率雙手交替擊打才有更大機會戰勝對方。

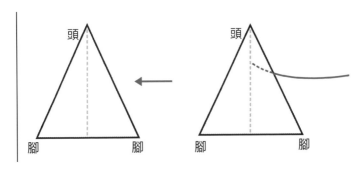

圖23

如果用弧線的力量打擊，則不然。弧線的力量很容易撬動對方的三角形。因為人雖然兩腿著地，但是受到與體重同等大小的力量撞擊，特別是撞擊上身時重心自然會歪斜而站立不穩。（圖24）

圖24

因此形意拳要求「催根」，拳譜中稱為「把把虎撲」。即每一個動作都是像老虎捕食一樣讓對方的重心不穩。

形意拳在練習過程中就是令對方全力格擋，我方則

以劈、崩、鑽、炮、橫等五行拳的動作把對方三角形結構撞擊出去。

對方全力抵擋，我方一個崩拳一個鑽拳地將其從原地打出10～15m，然後雙方互換再打擊回來。

這種練習會讓我們身體結構習慣對方的全力抵抗，從而在實戰中破壞對方重心。

（2）弧線發力的好處

圖25

以現代格鬥直拳的打擊方式說明，如果對方雙手抱頭頂住，用直拳進攻很難破壞其防禦。而需要用後手組合攻擊，對方在重心穩固的前提下很容易發起反擊。（圖25）

而同樣的直拳，如果使用弧線發力加拋放體重打擊，則很容易用撞擊使對方後仰。在後仰的一瞬間，可以很安全地跟上其他攻擊，不需要擔心對方反擊。在控制不住重心的前提下，無法有效反擊。（圖26）

這種弧線發力的方式，會形成實戰時破壞對方重心的習慣。

需要注意的是弧線發力是身體畫弧，而非單純的手臂畫弧，手臂畫弧的力量不如身體畫弧的體重撞擊力量大。

圖26

　　遺憾的是很多內家拳愛好者練拳時也畫弧，就是沒有拋放體重的習慣，所以不具備傳統拳的這種能力。

　　經過系統訓練，3個月的混圓樁站樁就能夠完成虎撲「整勁」的訓練，分為如下3個步驟。

　　〈1〉正確站樁完成自身結構塑造。

　　〈2〉正確的身體微動養成重心位移的習慣。

　　〈3〉與夥伴找勁把對方發放出去。

　　其中前兩個步驟透過遠程教學就能夠打好基礎，實地培訓2～3天就可以完成步驟〈3〉。

　　由於傳統武術老師水準參差不齊，專業老師少之又少，因此很難形成標準的教學體系和實戰訓練體系，產生好的技擊結果的老師更少。

　　3・進攻頻率：

　　　　形意拳手打出後不回收，看上去慢吞吞

　　由於需要以接觸點控制對方重心，所以形意拳打出

一拳後，用腰胯的轉動替代手的回收。讓現代人看上去感覺手的運動很慢，實際腰身的運動很快。

（1）手不回收的打擊風格解析

例如，前手加後手直拳，對方格擋。（圖27）

圖27

在現代格鬥高頻率的進攻中，出左拳進攻連接右手進攻之間會存在少許時間差。雖然可以努力地透過訓練縮短，但是其客觀存在。所有側閃、格擋、下潛躲開對方擊打的動作能成功的原因都在於時間差。

而形意拳打出一個直拳後，由於獨特的拋放體重發力，所以可在對方全力抵抗的時候能夠繼續打歪重心。實戰時打出左拳後，通常對方重心會後仰歪斜，繼續用左手撞擊對方重心。即盡量在對方失重的前提下旋轉調整對方位置，讓對方側對或者背對我方，從而方便繼續擊打。（圖28）

對方在側對我方的時候，我方還需要繼續用左手控制重心，不能讓對方恢復正常姿勢；否則容易還擊我方。

圖28

圖29

這種接觸對方後繼續以接觸點控制其重心的能力需要訓練。

　　以形意拳的風格打擊擺拳也如此，對方格擋後手不回，而是圍繞接觸點旋轉。用我方左手封閉住對方左手，右拳繼續擊打，因此在實戰搏鬥中看上去不如兩拳交替出擊的速度快。（圖29）

　　內家拳在套路的訓練方式中始終出手控制重心，平時訓練中緩慢移動身體，看上去似乎沒多大威脅。

　　例如，陳氏太極拳中的掩手肱捶在右拳打出之後並沒有回收，而是身體左右旋轉，用其他部位繼續攻擊。

（2）對方重心的研討

對方在重心受衝擊的前提下，首先要花費時間穩固住自己重心，而不是還擊，因此，攻方就佔了時間上的先機。

由於手不回收依然以接觸點控制對方重心，因此可以持續用身體轉動破壞對方平衡，令對方一直處於重心不穩定狀態。這樣看上去手很慢，但是在實戰中會令對方非常難受，自身相對安全。

不控制對方重心雖然速度很快，但是對方很可能隨時反擊，對我方的威脅不小。

在人們的印象中，內家拳的訓練方式都很緩慢。但它訓練的是身體調動重心的能力。遇到阻力，用身體運動克服對方阻力，繼續向內擊打。

因此，不需要快速移動，風格就不同於現代格鬥的高頻率轉換打擊對方。

現代格鬥體系也知道控制重心的重要性，拳擊近身後也會用步伐移動、肩膀的撞動和腳的踩踏控制對方的重心。然而動力鏈發力方式無法由手臂的快速打擊影響對方重心，因此一旦拉開距離，對於對方的重心控制就不復存在。而想貼近對方則需要頂著對方的進攻，對於臂展短的選手則更顯不易。

如果格鬥運動員參考傳統形意拳的拋放體重發力方式，可以用不同方法增加力量接觸後控制對方的重心。這是目前西方格鬥技術空白的區域，可能會走出與西方競技體系不同的中國特色的技擊風格。

圖30

（3）拳械一體的風格

手不回收的實戰風格來源於冷兵器格鬥，我們以劍術格鬥作為例子。一劍刺出對方格擋後不可以抽劍回來，否則相當於給對方空檔殺傷自己。

而傳統形意拳手不回收的思維模式，是一劍刺出對方格擋。然後下沉化解對方力量繼續刺入，省略回劍的時間差。（圖30）

內家拳及冷兵器的格鬥方式不允許回手，因此不會出現現代格鬥思維的高頻率刺擊。

導致內家拳的空手格鬥思維是既然以變勁能夠繼續打擊對方，因此不需要回手使用高頻率的進攻方式，更節省體能且縮短時間差。

　　武術中的少林拳、螳螂拳、翻子拳更接近於現代格鬥體系，譚腿中的二路「鬼扯鑽」其實就是現代散打運動中的兩拳一腿。區別是這一腿進攻的是對方襠部，殺傷風格更加凶殘。

　　快頻率的打鬥風格傳統在武術中也有，如螳螂拳和八極拳中的快速擊打的肘法，完全可以在訓練中結合泰拳肘法發揮出不一樣的優勢。

　　之所以形成了形意拳和太極拳的幾乎一步一拳的風格，即不以頻率取勝，並非內家拳緩慢的練功方式無用，而是因為它有獨特的邏輯內涵。

4．傳統形意拳以肱為拳，面狀進攻

（1）現代格鬥體系點狀進攻的思維

圖31

　　現代格鬥的發力方式結構十分合理，利用蹬腿轉胯送肩發力。按照形意拳的思維來說，就是肩胯發力做得很合理。

　　動力鏈發力必須把手臂伸直以打出最大爆發力，在發力過程中大臂更接近一根木棍。即在前進方向上發力，但是上下左右均沒有力量，容易被對

方拍擋或者格擋反擊。

如圖31所示，在至少四個方向上容易改變我方的打擊方向。

以針對後手拳的拍擋反擊為例，我方後手拳打擊對方時，對方可以向下拍擋後反擊我方。（圖32）

因此，可以說現代格鬥體系在打擊落點上有力，所以構成了以各個點為擊打的點狀進攻體系。

例如，打拳的落點是拳峰、肘擊的落點是肘尖、膝擊的落點是膝尖等。在進攻路線上殺傷力相當大，但是容易被外力改變方向導致打擊不到目標。

因此強調出拳踢腿後要快速收回，防止對方拍擊，形成高頻率快速的進攻方式。

①

②

③

圖32

西方更快、更高、更強的思維邏輯與東方哲學不一樣，兩點之間雖然直線最短，但是衝著直線進攻往往不一定能達到效果，因此東方內家拳採取弧線進攻。

（2）傳統內家拳的弧線進攻思維

傳統內家拳由於是拋放體重發力，因此要求手臂、手肘的三角形盡量不動。透過緩慢練習，實現在快速實戰中每個動作都能成為樁架結構。

樁架結構就是受力情況下依然能夠維持身體的三角形架構，在對方上下、左右撥擋的時候不輕易改變發力方向。

進攻的時候不是用拳頭單點進攻，而是用手腕、手肘、肩膀的三角形進行攻擊。（圖33）

圖33

在對方拍擊我方小臂的時候，能做到用身體的三角形結構緩衝對方阻擋力量。

進攻手不被對方拍擋，繼續向前打擊，並且由接觸點破壞對方重心平衡。

這種維持手臂三角形不動的結構，無法使用直線進攻，因此內家拳所有的攻擊動作都是弧線的。

雖然我們知道兩點之間直線最短，但是如果以弧線

打擊，對方無法改變我方攻擊路線。打出一拳後不需要回收後再擊打，這樣反而比左右直拳的直線進攻更節省時間。

形意拳會形成以手腕、小臂、肘、膀、頭、腰、臀、胯、膝、足等不同部位組成的三角形帶狀進攻。

（3）點進攻與三角結構弧線進攻的受力分析

以現代格鬥思維打擊前手直拳為例，受到對方格擋後，打出直拳時對方上下用力拍擋我方拳頭，直拳容易被垂直的力量改變打擊方向，這時需收回拳進行二次擊打。

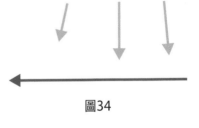

圖34

直線打擊在出拳路線上的任意一點，被上下拍擊或者左右阻擋，都容易改變打擊方向而導致打擊落空。（圖34）

而形意拳的鑽拳軌跡是一個半弧，在半弧上遇到的黃色箭頭阻力都能夠用弧線的力量改變對方來力方向，帶偏對方。而我方依然沿著弧線繼續打擊對方，或者破壞對方重心。（圖35）

鑽拳手臂上下受力後的示例如圖36所示。

對方沿著黃色箭頭阻擋我方的力量都被圓弧動作沿著切線帶偏，我方的力量可以克服對方上下壓制，繼續向前擊打。

如果在左右方向上受到對方阻擋，則以劈拳應對。

①　②

圖35

圖36

小臂撞擊對方，對方抱頭頂住。

　　身體左轉用弧線運動將對方調整背對我方，由弧線的力量把對方前後方向的抵抗力調整到其他方向，方便我方打擊。（圖37）

　　在使用崩拳的時候對方抱頭防護，受到阻擋後繼續發力。我方身體前俯，重心呈現弧線下壓，使對方重心後仰，繼續追加後手拳的打擊。（圖38）

　　對方在重心不穩的前提下無法反擊，我方的後續打擊都是安全的。現代格鬥不會破壞對方重心，對方很容易趁左右拳交替的時間差反攻。

　　試想一下這樣的打擊風格出現在賽場中，國外運動

圖37

圖38

員的常規防護方式對我方沒有作用。

我方一直控制對方重心並擊打，那會是多麼愜意的一件事情。

（4）弧線進攻是否犧牲力量

如果用這些三角形帶狀攻擊法打擊對方，無法用拳頭進攻，豈不是放棄了力量巨大的一個關鍵點？

　　形意拳的邏輯是用三角形的其他部位克服對方防禦，空出拳頭來進行擊打。

　　以刺槍為例，大部分都是用槍桿撥開對方來槍，留出槍尖正好刺向對方。（圖39）

　　如果打擊意識是在三角形的面上，看上去距離更近，但是對方格擋的一瞬間正好空出拳頭進攻對方。只需要將身體微微旋轉就可拉開對方間架，深入擊打。同樣是拋放體重擊打，弧線與直線的打擊力度幾乎一樣。（圖40）

圖39

圖40

（5）時間差

站樁訓練結構，便於弧線進攻，實現不回手的目的。

以前後直拳連續擊打為例，現代格鬥體系由於動力鏈的發力方式，導致前拳擊中後無法繼續二次發力，只能受阻後快速用後直拳打擊。

用前後直拳擊打的中間有一段時間，對方可以自由變化躲閃攻方的拳頭。

所以即使前拳離對方更近，受力阻擋後也只能收回，放棄距離對方最近的前拳進攻。（圖41）

圖41

形意拳的崩拳受到阻擋之後會沉肘變角度畫圓，利用距離對方最近的前手繼續進攻，抵抗對方阻力的來源是站樁訓練獲得的三角形結構。（圖42）

形意拳在日常訓練過程中，維持每個動作都盡量維持好「三體式」站樁結構，由緩慢弧線的練習，達到受力後也不改變三體式結構的站立習慣。

這是形意拳站樁和五行拳之間的真正訓練關係。

老前輩要求一個樁架結構，普通人拉不開，打不

圖42

散，壓不壞。過渡到行拳中，也要維持好身體的各個三角形結構，才具備了形意拳實戰的要求。

遇到對方阻隔的力量繼續前進，以套路專項訓練這種能力。這在拳譜中稱為「梢節起，中節跟，根節隨」，意思是梢節（手腕和小臂）遇到對方阻擋的力量後，三角形結構跟上繼續發力。

維持結構發力，才能出手後盡量不回收，所以要養成三體式站姿的習慣。

老前輩始終強調形意拳站樁對於練拳的重要性，習慣養成後能始終保證以前手控制對方重心。

從某種程度上可以說，形意拳是前手控制對方重心的藝術。用較近的前手拳控制對方的重心與視線，用前後手拳與體重的拋放打擊對方。

在拋放體重發力的前提下，前後手拳重不會差別太大。

現代格鬥與傳統武術兩種發力方式本質上沒有優劣之分，都在各自的邏輯體系內做到了最好。但是形意拳的發力較難，加入進現代格鬥體系中，可能會讓運動員的短期技擊風格產生巨大改變。

╬ 2.5
手臂關節盡量鎖死，便於拋放體重發力

通常人們認為手臂三角形鎖死的劣勢如下：

（1）**發力距離不夠，無法造成重擊**

現代格鬥依靠手臂屈伸的動力鏈發力方式，沒有足夠距離，前手拳肯定無法打出重拳。

而形意拳運用拋放體重發力的方式，身體圓轉可以傳導出體重的力量，要求手臂盡量減少屈伸和損耗。

手臂雖然不動，但是身體圓轉提供了發力距離，這是不同的思維展現在形體上。（圖43）

（2）**如果手臂打出後不收回，容易被對方擊打肋部**

形意拳講究「肘不離肋」，當真正固定住手臂三角形的時候，肘尖下垂護住了肋部。大部分手臂高舉被打擊肋骨的例子，都是沒有做好「肘不離肋」的要求。

沒有一種站姿是毫無漏洞的，只要能夠針對弱點做好準備，就不失為一個好的站姿。形意拳站姿的優勢如下：

（1）**封閉視線**

以三體式的站姿，打出一拳後未收回的前手距對方很近，很容易封閉其視線。

（2）**控制重心**

形意拳要求「落步成樁」，任何一個部位打擊接觸

對方遇到阻力後手臂便呈三角形鎖死。用腰身轉動發力，把自身體重過渡壓制對方重心，用距離對方最近的前手繼續控制對方重心。

　　這樣形成了內家拳獨特的練功風格，太極拳是原地打套路擰轉身體，也就是練習胯胯的螺旋轉動發力；形意拳由站樁高舉兩手，負擔兩手重量下身體微微運動，養成手臂不動，身體轉動發力的習慣；八卦掌也是端著自己的雙手轉圈，訓練手臂不動，腰腿運動的訓練方式。

圖43

2.6
力量訓練的區別

　　傳統武術的拋放體重發力需要更多的體重參與做功，從而增加打擊的力量。

　　動能的大小決定於質量和速度，傳統形意拳的發力能夠造成對方失去重心。這是現代格鬥體系不容易達到的，一拳使對方失去重心的效果。

　　以身體重心畫圓，把體重拋放出去的發力方式，使更多的身體質量參與到了打擊之中。

　　而現代格鬥的力量體系在一定體重的前提下，力量的提升有一個上限值。很多運動員到了上限值，如果不提高體重，很難繼續增長力量。如果借鑒形意拳的發力方式，在已經有的打擊力量上加上拋放體重力量，可以明顯提升打擊力量。

　　接觸對方時將手臂三角形鎖死，減少消耗取代提高力量。因為不是依靠蹬腿、轉腰、手臂屈伸進行發力，而是拋放體重，因此幾乎是人體最大的打擊力量，難以再提高。傳統武術更多的是以站樁、固定手肘關節，利用各個三角形減少打中對方之後的消耗而增加打擊力量。

　　傳統武術思維與現代格鬥思維並非衝突難容，而是可以互補的。體重產生的打擊力量加入到實戰中，影響有可能是巨大的。

2.7

打擊落點以進攻重心為主，而非打擊空檔為主

現代格鬥體系中的左直拳打中對方抱頭防禦的頭部，無法打破對方的防守，於是更換打擊點到對方的肋骨及腹部。（圖44）

圖44

這種思維方式在傳統武術中叫作「打虛」，即聲東擊西，打擊對方空檔的方法。但是由於對方的重心穩定可以反擊，所以往往帶來的也是我方也會有空檔遭受對方擊打，很多KO案例（指直接擊倒對方）都是這樣出現的。（圖45）

傳統形意拳由小臂撞擊對方頭部，對方防禦時身體緊張。手不動向左轉腰，讓對方側對我方，繼續右手拳擊打對方肋部。

傳統打擊方法叫作「打實」，就是在對方防禦完善，兩手抱頭防禦的前提下，我方依然衝著對方防禦的雙手進攻。藉由越過對方小臂衝撞對方重心，使其重心不

圖45

穩。在這個前提下，我方所有後續進攻都是安全的。

　　當然應用到實戰中不需要如此發全力打擊對方，只需要發一半左右的力量使其感到重心不穩，對方自然會將身體前頂。而我方突然撤力改變對方身體的角度，在其失重前提下，打擊他的薄弱部位，這是比較省力，而且能夠完勝對方的方法。

　　如圖46所示，我方進攻，對方感覺重心受威脅，身體前傾抵擋。我方左轉身體，借對方力量使其身體前傾重心不穩。利用對方前傾重心不穩之間，右拳擊打肋骨，左拳擊打面部。

圖46

2.8
重心控制為主

以上所有的動作設計，打擊方式都是圍繞身體重心實現的。

實戰中雙方你來我往，速度很快，如何以手臂的接觸控制對方重心？現代格鬥思維默認的就是動力鏈發力，這種發力方式確實很難破壞對方重心。然而現代格鬥體系中也存在利用肢體接觸控制對方重心的技術，如摔跤。

在摔跤技術中當控制對方頸部的把位時我方非常有優勢。彎腰用體重壓住對方頸部，對方難以抬頭而消耗體能，再利用腳步移動帶動對方重心很容易使其進退失據。（圖47）

在對方重心不穩的情況下，無法阻止我方有效的進攻，類似的格鬥技術有泰拳的箍頸內圍纏鬥。

中國摔跤利用對跤衣的撕、拉、捅、拽可以控制對方重心，而自由式摔跤則以手臂的接觸轉移或者其他技術，針對對方手臂也可以有效地牽制對方重心。

這個過程中通常都是我方用兩條手臂，控制對方一個部位，在帶動對方身體重心的過程中，雖然對方無法還擊，

圖47

但是我方也無法抽出另一隻手打擊對方。

　　形意拳從冷兵器刀盾戰鬥思維出發，完美地解決了這個問題。在冷兵器刀盾的戰鬥過程中，作戰雙方出現於戰陣中。前後左右都是人，無法以前後左右移動進行閃避，最易取勝的方法就是衝倒敵人重心，殺傷敵人。

　　兩塊盾牌相接觸的瞬間，如果只靠前衝的力量，誰的體重大、力量大就容易獲勝，大部分身材矮小的士兵就會失去性命。（圖48）

圖48

　　但是當兩盾接觸的時候，我們可以運用身體的左右旋轉，讓對方的直線力量發生偏移，從而為後手的刀法殺傷對方做準備。

　　持盾的姿勢就是「三體式」，用盾牌推壓對方就是小臂接觸改變對方重心的方法。如果脫開盾牌，在赤手空拳的戰鬥中一樣可以改變對方的重心。

　　反思形意拳的動作設計，劈拳是持盾下砸對方的動作；鑽拳是持盾向上衝擊對方的動作，崩拳是前手持盾掩護後手刺刀的動作；炮拳是持盾防護頭部用刀刺殺對方的動作；橫拳是身體橫移用盾牌偏移侵壓對方重心的動作。

　　因此橫拳為主攻，如果我方的身體不會橫向移動破壞對方重心，那麼後續的用刀刺擊的動作便沒有作用。

　　「發放」也是這樣的狀態，為何傳統拳如此注重兩人的發放訓練，必須用這樣的動作把對方打得雙腳離地，重心完全失控？

　　在模擬持盾衝擊的時候，一瞬間撞擊對方導致其重心不穩。從而擊垮對方，這是傳統武術。鑒於冷兵器格鬥思維的嚴格表現不具備這種能力，在刀盾格鬥中便會失敗甚至失去性命。所以內家拳要求整勁，練習者需要具備虎撲的力量。

　　當我方用小臂整勁擊打對方，對方抬手進行防禦的時候會感到緊張而用力抵抗。因否則對方會破壞其重心。這個時候對方整體會非常僵硬，我方稍微右轉就可以使對方重心前傾。從而為後手打擊提供機會，這就達到以手臂短暫接觸，調整對方重心的作用。（圖49）

圖49

　　當對方格擋的時候，並非意味我方的打擊結束，這時並不需要用收回進攻手並換另一個拳或者部位重新開始擊打。

　　這種打法可能會更節省運動員的體能並消除時間差，在與身體素質相對較好的歐美運動員搏鬥的時候，我方不是打中了就換手進攻，拼體能、拼素質。而是以旋轉讓對方重心不穩，控制對方的重心。在持續地擊打之下，對方會有什麼感覺？

　　由於這種打法破壞對方重心，對方防禦與否對於我方影響不大，因此就產生了拳譜中「硬打硬進無遮攔」的概念。

　　即使對方有準備有防禦，我方依然可以橫衝直撞。由於我方是拋放自身體重來撞擊對方，消耗體能少，又能有效控制對方，所以實用性非常高。

2.9
小 結

本章分析現代格鬥體系的動力鏈發力與傳統形意拳的拋放體重發力的區別，解析為何現代人難以全面理解內家拳。

因為發力方式不同導致了打擊風格的完全不同，但是站在傳統發力體系的角度，兩者一樣很科學。

（1）距離

現代格鬥的動力鏈發力的方式要求遣胯送肩，手臂屈伸充分，才能打出最大力量。一系列組合打擊沒有結果時，便需要撤出繼續調整距離。

而形意拳採用拋放體重發力方式，接觸後控制對方重心。一旦距離足夠盡量不撤出，繼續壓迫對方重心並持續進攻，盡量利用好每次的距離靠近。

傳統武術可以在遠程兼容現代格鬥體系，形意拳雙方近距離接觸之後，只是攻防的開始。

（2）發力路線不同

現代格鬥體系要求直線發力，無論直拳、勾拳還是擺拳都需直衝目標，才能使攻擊力量最大。隨之而來的是在左右與上下方向上，容易被對方拍擊改變方向。

前手被改變方向撤回，用較遠的後手擊打。按照形

意拳的思維，上述做法並未沒利用好距離對方較近的前手。

傳統形意拳要求弧線發力，用小臂擊打。雖然打擊距離相對較近，但是不容易被對方改變方向。利用距離對方最近的前手接觸點，改變對方重心，並縮短兩拳交替的時間差。

（3）力量

現代格鬥體系透過力量訓練鍛鍊提高打擊時的爆發力，選手的身體素質普遍較好。

傳統的形意拳由拋放體重發力，盡量把體重拋出去，在現代格鬥的力量訓練到達上限值之後可以結合這個方法繼續提高打擊力度。

（4）重心

由於現代格鬥體系遠程出拳踢腿很少涉及重心控制，因此依靠高頻率的出拳獲勝。

而傳統的形意拳的每一拳都要打擊到對方重心，因此在單人訓練的時候完全不同於現代格鬥的高頻率打擊訓練風格。而是輾轉身體，讓身體左右或上下運動。將體重拋放出去，訓練改變對方重心的能力。

但是由於東方武術思維與西方格鬥思維的不同，因此現代格鬥體系的一些問題站在西方訓練的角度上難以解決。而東方形意拳的思維有很大參考價值，傳統的冷兵器格鬥思維是現代格鬥體系的空白。

可以說冷兵器格鬥的容錯率最小，一旦出現動作漏洞或疏忽，人就會面臨失去性命的風險，所以東方武術的思維邏輯極其謹慎嚴密。

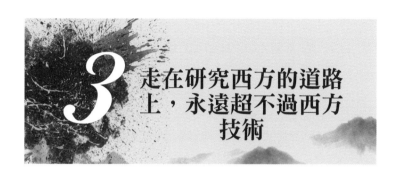

3 走在研究西方的道路上，永遠超不過西方技術

　　我們在練功的時候，一定想超過自己的老師和教練，每個優秀的運動員也總想超過同重量級的冠軍。但是除了個別身體素質特別優秀的天才，大部分人會發現前輩在正確的訓練道路上，累計時間遠超過自己。跟著他們的訓練老路走，只能永遠模仿，而超不過他們！

　　國外註冊的拳擊手和拳擊館數量遠遠超過中國，技術更新更是日新月異，他們有充分的競賽機會，以及業餘與專業的團體變革其中的技術。

　　例如，泰拳在五六十年代並沒有多麼突出。然而隨著相對安全的規則制定、競技獎金的經濟激勵，以及受眾的追星及模仿練習，技戰術突飛猛進。

　　形意拳、太極拳、八卦掌是近300 年出現的拳種，是其之前武術的總結。如果我們學習前輩，武術中沉積的很多優秀技術可能會走一個相對快捷的道路。

　　傳統武術形意拳的思維邏輯完全不亞於西方的現代競技體系，甚至有很多方面可以彌補並相互促進，很多西方搏擊技術越進化越接近傳統武術的思維。

3.1
現代西方搏擊越進化越接近傳統武術的打擊方法

泰拳的優秀人才在訓練過程中發現了很多令人驚喜的技術變化，這些技術變化不同於原來的拳擊和泰拳訓練體系，反而比較接近傳統武術形意拳的訓練思維與方法。

下面我們透過幾種技術的分析，說明西方搏擊技術逐漸開始向傳統思維貼近。

（1）接手

傳統武術中的接手一直被現代習武者詬病：「拳擊手速度這麼快，怎麼會有時間讓你接手？」（圖50）

傳統武術概念中的接手為格擋對方進攻，同時進行重點部位打擊。

例如，雙方左架，對方出前手拳進攻。我方左手拍開對方前手同時右肘封閉對方後手，旋轉身體從而控制對方重心，這是一個接手後控制對方重心打擊的動作。

真正的接手並不是尋找對方小臂接觸，筆者的形意拳師父韓瑜先生說過：「進攻過程中如果不接我的手，我就

圖50

用手接你的臉了。」而防守過程中也是一樣，對方打擊我們格擋，必然伴隨接手。

只不過大部分傳統習武者不會利用身體運動的瞬間接觸，改變對方重心，所以還是練功不到位。

（2）弧線開手

大部分時候，現代格鬥方式的打擊直拳，都是直著打進打出，這是因為兩點之間的直線最短。傳統武術，如太極拳和形意拳的弧線出拳，則被認為是效率低下且毫無作用的。

前手直拳直線進攻時，對方能夠預判打擊方向，兩手一抱頭就可以防護住。在洛馬琴科的比賽中可以發現使用了弧線拉開對方間架的打擊方法。

洛馬琴科用前手弧線打擊對方手套，當對方左拳下落漏出空檔後，用後手拳擊打其面部。這種技術在洛馬琴科的比賽中出現了很多次，而且效果極佳。

這在形意拳中叫作「劈拳」，上下方向打一個圓弧出拳，目的是打開對方防禦間架進行打擊。

在傳統武術中開手即打開對方的防禦，然後進行重點部位打擊。形意拳基礎的五個動作都設計為弧線打擊，這是由於直線發力對方會防護。弧線動作可以拉開對方防護的手，達到打開對方防禦的目的。

（3）合理規則下的肩打

在現代擂台中經常可見雙方擠在擂台邊繩處，如果一方做好防禦，那麼如何打破對方的防禦非常重要。

　　俄羅斯教練教授了一種技術，即用肩膀頂靠對方護頭的雙手，對方受到壓迫會向外用力頂住，攻方在後撤肩膀同時，用勾拳打擊對方的面部，如圖51所示。

　　當人的雙臂受到大的外力打擊時自然會向前頂抗以保護自身安全，攻方撤防後，守方的雙臂就離開了面部，一個勾拳可以精準地打擊到其下頜。

　　這在形意拳中叫作「肩打」，形意拳號稱有7拳14處打法，即頭肩肘手膀膝足。尚雲祥又提煉出來了一個小臂打擊，是近代武術家對於打法的創新。

　　傳統武術是用頭肩肘手膀膝足進行進攻的藝術，每個部位都可以在實戰中影響對方重心。

　　傳統的形意拳有豐富的打擊技術，等待我們挖掘與研究。

圖51

3.2
傳統武術的挖掘搶救勢在必行

由於兵器化拳，所以形意拳的很多技術，與我們現代格鬥技術的思維完全相反。

但按照傳統發力來思考的話，這一套邏輯思維是非常完善的。

後文會按照形意拳的動作一個一個地與現代打擊動作進行對比，把晦澀難懂的拳論典籍透過清晰科學的闡述，形成正確的傳統武術理論基礎。

我們期望傳統武術的愛好者能迅速練出功夫，形成一批真正能打能講，弘揚傳統武術的中堅力量。經過幾代人的努力，重新把傳統武術推向現代格鬥的擂台。

日本空手道也曾經備受現代格鬥的衝擊，為此苦心鑽研並融合現代格鬥，最終適應現代格鬥並產生很多冠軍。

為何需要幾代人？

（1）技術體系的建立

我們這代人分享技術，沒有統一標準化的武術理論摸索，難以培養傳承的人才。

現代社會談不上發揚，能夠透過科學的邏輯解釋，讓人相信傳統武術還是有內容的就已經很難了。

喚醒更多的傳統武術愛好者參與，到了第二代人才

可能出現真正的職業傳統武術運動員，才能談到發揚光大。

（2）職業傳統武術練習者的出現

不久的將來一定會出現一批傳統武術的愛好者參詳現代格鬥與傳統技術，研究兩者的融合，這是一個大勢所趨。

形成了職業化才會出高手，才會出現與現代格鬥體系相應的實戰效果。產生經濟價值，才會有更多的年輕人投入到傳統武術的訓練與學習中來。

（3）產業體系的形成

年輕人可以透過努力訓練打拳獲得出場費、獎金、代言，成為明星。這樣才會吸引很多熱血年輕人融入這個行業中來，行業存在的最大原因一定是盈利，否則無法欣欣向榮。

傳統武術已經逐漸喪失了技術體系，也沒有了訓練體系，自然無法形成經濟體系。

教拳的人生活窘迫，學拳的人自然也無法依靠武術生存，逐漸就沒有人學習了。

三代人能做成已經是最好的希望，武術不僅僅是體能的藝術，更是中華民族的文化自信。

在接受西方文化的環境下，中醫、戲曲、書法、國畫、國樂等傳統文化逐漸式微，傳統武術也由於很多人的不理解，全面落於輿論下風。

並非我們的文化弱於西方，而是我們文化的邏輯從根本上與西方邏輯完全不同。如果不進行傳統武術科普，民眾逐漸會缺乏民族文化自信。

一個缺乏文化自信的民族是可悲的，希望有更多的有識之士願意敞開心扉，對傳統武術的技術進行探索與研究。

雖然號稱「師夷長技以制夷」，我們現代格鬥術已經很優秀了，但是如果我們另闢蹊徑，重視古人的研究成果，可能會「彎道超車」完成超越西方理論體系的過程。

3.3
傳統武術不弱於西方競技體系的邏輯辨析

中華武術非常科學，西方的競技方式在我國主要有五類，即拳、腿、摔、兵器、擒拿（地面站立）。

（1）拳擊，西方以拳頭搏擊的藝術

以南拳為例，它有非常豐富的手上技術。蔡李佛的動作更接近現代散打直勾擺拳；詠春拳短打近身黐手，更接近泰拳的內圍控制技術；白鶴拳同樣剛柔相濟，現今空手道中的三戰套路還是學習的白鶴拳。

但是，空手道已經進入奧運會，因此發展遠遠超過了白鶴拳。

以北拳為例，少林拳、螳螂拳、翻子拳更是有快速

多拳連擊的格鬥方式。

它與現代格鬥的組合拳思維幾乎吻合，技術表現上並沒有太多差別。

雖然打擊落點多是咽喉、眼睛、下陰等薄弱部位，但是表現形式上來看，國外的拳法格鬥技術在傳統武術中都有。

（2）韓國跆拳道與法國踢拳，以腿法見長的格鬥藝術

北方武術腿法以十路彈腿、戳腳、少林拳為代表的腿法技術體系，非常豐富。

十路彈腿中的二路鬼扯鑽、左右衝拳加彈踢其實就是現代散打運動中的兩拳一腿組合。

更值得思索的是鬼扯鑽用彈踢踢擊襠部代替了擂台上相對安全的技術鞭腿，可能在街頭防身搏鬥中給敵人造成的傷害更大一些。

少林拳和長拳中的旋風腳及騰空飛腳，與跆拳道的腿法大概一致。側踹、扁踹、轉身後蹬腿等在翻子拳中也屢見不鮮，並非西洋腿法獨有。國外的腿法格鬥技術在傳統武術中幾乎都有。

（3）柔道、自由跤和古典式摔跤，以摔法見長的格鬥藝術

我們有中國式摔跤、蒙古跤搏克和山西撓羊跤等，其中山西撓羊跤不穿跤衣，抱腿穿扛等動作更接近西方自由跤體系。國外有的摔法技術在傳統武術中也有。

（4）日本劍道與歐洲擊劍

傳統武術素有短兵和長槍的訓練科目，唐朝大詩人李白就是劍術高手。

北方各門派均推崇大桿子作為增強功力的訓練方法。

《單刀法選》《少林棍法禪宗》《紀效新書》《手臂錄》等冷兵器著作層出不窮，傳統武術有豐富的冷兵器作戰技術。

國外有的冷兵器格鬥技術我們都有，雖然古典籍記載的實戰刀法及招數貌似失傳，但冷兵器格鬥更是一套科學的思維體系。

招數雖千變萬化，但是理念還是一樣，換成了形意刀、八極刀法等載體依然存世。形意刀、槍的格鬥技術在我們這裡得到了很好的保留，其他門派的冷兵器技術也透過不同形式的傳承，並未斷絕。

（5）寢技，巴西柔術

在武術歷史的長河中地面技術最終沒有在中國形成體系，只存在於典籍與歷史傳說中。

《紀效新書》中記載擒拿的要點是「柔」，即活捉朝天而其柔也，近乎我們今天看到巴西柔術的表現形式。

未證實的研究表明，南派拳法中狗拳和地趟拳等流派，與日本柔術的形成息息相關。由於這些武術歷史研究未獲得官方認可，所以存疑。

　　日本及西方的柔術發展遠遠超過我們，這是我們需要放低身段認真學習的！

　　綜上所述，幾乎西方存在的格鬥方式，如拳、腿、摔、冷兵器等在武術體系中都有。但最終沒有形成這種單項的技術載體，而最終演化出內家拳慢吞吞的表現形態。筆者認為古人是經過深思熟慮的，並非退步。

　　不同的發力系統導致了完全不同的訓練系統，內家拳系統能夠以自身的特點，解決現代格鬥體系中的一些痛點。例如，移動、打擊角度、節省體能、打擊力量的提升，以及進攻節奏的變化等。

🏠 3.4
傳統武術是研究惡劣環境生存的技術，目前沒有與其符合的競技規則

　　武術的構成分為兩種，即軍隊武藝與江湖武藝。

　　自古到今徒手格鬥技術在江湖搏鬥中有用，而在大規模的戰陣中無用，軍事武藝需要的是兵器格鬥技術。

（1）**軍事格鬥技術**

　　「武」字的構成就是止戈，形意拳的劈崩鑽炮橫，每個動作都符合槍法的運動軌跡。它是前輩經過大規模軍陣廝殺，優勝劣汰形成的武術技術。

然而獨特的發力技巧及身體運動發力的習慣，在持械的時候很難養成。況且在朝代更替時代，不允許平民持有兵器，平時空手練習的套路成為為了訓練兵器的替代品。

這種歷史原因自然不會形成類似西方赤手空拳的格鬥體系。

（2）江湖武藝的技術

江湖武術作為過去鏢師的職業技能，考慮更多的是遇到匪徒如何能夠生存下來，而不是戰鬥。

◆ 發明了春典，用江湖黑話溝通，盡量避免衝突。

◆ 使用飛刀、繩標等軟兵器，發生戰鬥以偷襲為主先下手為強。

◆ 衝突就會有傷亡，能搭手教技就不真實搏鬥，匪徒鏢師都是為了混口飯吃。

這種不衝突求和平，一旦衝突以快速解決戰鬥為主方式自然也不會形成西方公平的競技體系。

而春典和江湖手段構成了獨特的武林中人交流，以及互相博弈的武術文化。

即在保障自身安全的情況下，透過春典或者攀談結識朋友，避免衝突。衡量戰鬥投入的產出與收穫，謹慎應對、以和為貴的武人風範就此形成。

中華民族不怕戰爭的同時避免戰爭，敵人來了有獵槍，朋友來了有好酒的性格特點根植於歷朝歷代的文治武功。

江湖偷襲技術對於時間差及敵我心理的把握有很好的參考作用，軍事槍法和刀對於進攻防禦角度，以及實戰中的佔位和角度變化有很強的參考作用。

傳統武術研究的是生存，是一種文化，而不是簡單的競技項目。傳統武術的愛好者透過這種文化修行，也能夠鍛鍊出堅毅品質及靈活的思維。所以，形意拳號稱「易筋易骨洗髓」，是變化人的氣質之道。

透過站樁磨煉耐性，在筋骨酸疼的情況下咬牙堅持40～60分鐘，人的耐性不好是幾乎不可能的。

透過五行拳（劈崩鑽炮橫）的套路訓練與對抗訓練既鍛鍊身體，又令人思索其中的技擊與變化。這一招能否在實戰中產生更好的作用？如何改進才能讓水準更加高超？思考會開發智力與判斷能力，因為每個人的訓練時間有限，要做到有所取捨才能快速成就。

傳統武術是一種文化，按照其實戰屬性來考慮，目前沒有適合的比賽規則。刀法、劍法有日本劍道、擊劍、歐洲HEMA在先，很難由獨特的特點吸引全球愛好者。

筆者以為槍術是最符合傳統武術的競技方式，然而在真正推廣中遇到眾多阻力。民眾對於刺槍沒有任何概念，很難持續推廣下去。

練拳先明理，隨著本書籍的推出，希望不久的將來能夠發展出適合傳統武術的競賽規則。

（3）徒手格鬥技術借鑒兵器格鬥術，可能是降維打擊

兵器格鬥的出錯概率一定比空手要小。空手訓練頂

多被對方迎擊，眩暈幾秒後可以繼續戰鬥。而兵器格鬥理論上只要有一個疏忽，面臨的就是生死存亡的境地。

因此兵器格鬥的思維邏輯之嚴密，必然是非比尋常的。對於人的發力、心理、距離、角度、體能的細膩考量，能更大程度地減少運動員的體能消耗，佔有更優勢的打擊角度，延長運動員的巔峰職業生涯。

太極拳是以長柄朴刀為假想的空手訓練套路；形意拳是脫槍為拳，以槍為假想的空手訓練體系；八卦掌是以刀法為假想的空手訓練體系。

傳統武術前手護頭，後手放於腰間，明顯的是為兵器留出空隙的架勢。這樣的兵器戰鬥方式值得我們在空手搏擊訓練的時候參考嗎？答案完全是可以的，而且國外的研究學者已經走在前列。

UFC冠軍嘴炮的教練 Ido Portal 不遠萬里來到中國向中國高手學習，把通背、形意、八卦、推手等技術加入嘴炮的日常訓練中。站在他的觀點，有很多問題是現代格鬥體系解決不了的。如果中國武術沒有內涵，筆者不認為會出現這樣的事情。

那麼問題來了，形意拳作為兵器格鬥的藝術，能夠為現代格鬥提供什麼營養呢？我們以一個步伐運動的方式為例。

（4）現代運動體系打擊移動的悖論

現今搏擊或者拳擊運動無法解決的一個問題就是步伐，以左右移動為例，如果攻方能夠藉由步伐繞到對方的

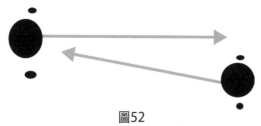

圖52

側面進攻，對方一瞬間會喪失目標，我方能夠放手打擊。
（圖52）

　　從腳步站位來講，人的兩腳總有一條直線。而繞到
對方側面，相當於在這條直線的垂線上用力，絕對力量的
優勢將不復存在。（圖53）

圖53

　　這個垂線的思維構成了柔道及中國跤等摔法類的把
位控制的技術，而實際形意拳的推手也是由這種思維帶動
對方重心。

　　任何沿著黃色虛線的打擊，對於對方來說都是重
拳，重心不穩定情況下受到的打擊會讓人崩潰。在現代格

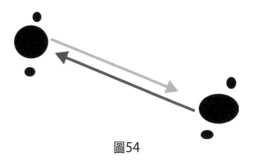

圖54

鬥中，雙方互相透過前後試探和左右環繞想要搶到對方側面。

　　而尷尬的是，如果繞到對方的一側打擊，對方也會移動步伐。最終雙方又回到正面對峙的狀態，誰也不佔優勢。（圖54）

　　為了繞到對方側面，產生了如下兩種結果。

　　◆ 雙方實力相差太過懸殊，能夠產生這種佔位，一方壓著一方打。

　　◆ 雙方實力相近，不停地移動打擊，靠長時間的比賽消耗體能。在一方體能不濟的前提下，繞到對方側面打擊佔據優勢，最終分出高下。

　　當然現代拳擊技術已經發現這個問題，即盡量透過步伐卡位的形式控制對方，佔據一側有利的位置。例如，拳擊比賽中如果多次站在對方內側，可以憑藉瞬間優勢位置打擊對方。

　　然而對方始終是重心不受控制的，如果一次佔位捕捉到對方弱點不能KO，則需要繼續耗費體能試探與欺騙，多次佔據到這個位置嘗試重擊。

　　如果能夠運用一種方法始終保證我方的佔位，永遠

在對方的一側，則會更佔優勢，隨時可以從優勢角度擊打，同時節省更多的體能，這在形意拳中叫作「起橫」。

形意拳共有如下兩個最重要的戰術思想。

（1）出手橫拳

以獨特的角度隨時在對方的一側進行擊打。

這個思想就構成了形意拳所謂的硬打硬進無遮攔的格鬥風格，很多人以為硬打硬進都是直挺挺地迎著對方的拳頭上。而真正的硬打硬進是因為佔據了有利的位置，不怕對方的進攻，所以才敢於勇敢地衝上去。

這裡有角度的優勢，形意拳的思維是永遠不與對方站在同一個水平面上。例如，橫拳是佔據左右優勢打擊對方側面；劈拳與鑽拳是佔據上下優勢打擊對方，左右與上下構成了十字。《逝去的武林》中稱形意拳為「十字裡面求生存」。

（2）把把虎撲

每個動作都能像老虎一樣衝撞對方的重心，令對方進退失據。

對方在重心不穩的情況下顧不上還擊，只能先穩定住自己的重心。這樣做到了拳譜中所謂的先打顧法後打人。

對方重心不穩定自然對攻方產生防護作用，所以拳譜中說：「打就是顧，顧就是打。」打擊對方令其重心不穩，就是讓我方安全防護的行為。

3.5
現代技術與形意拳技術對比

　　雖然人有兩個拳頭，但是很少兩個拳頭一起打出，而是單拳向著目標落點進攻。所以無論是從落點上，還是從意識的鎖定上，兩個肩膀與打擊點的角度大概是一個三角形。（圖55）

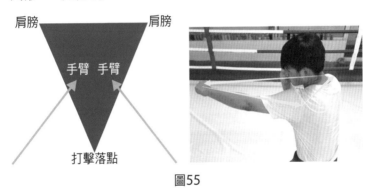

圖55

　　所有避開打擊落點，沿著手臂外側黃線擊打的方式都叫作「起橫」。（圖56）

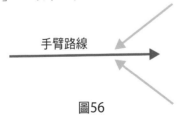

圖56

　　為了便於理解，我們用一條手臂為例。只要在手臂兩側進行的擊打均為起橫，能迎著對方的進攻拳打擊。（圖57）

圖57

　　一旦橫向打中對方的身體都能造成對方重心不穩的狀態，因為人在被橫向打擊的時候，無法承受兩腳之間連線垂線的力量。（圖58）

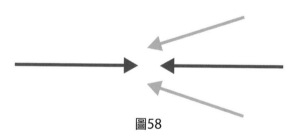

圖58

　　以冷兵器槍術搏鬥作為特例，雙方持槍沿著紅線對峙。互相拼速度，容易造成雙方都滅亡的雙殺效果。如果一方能沿著綠線從斜面進入，會殺傷對方而自身保持安全，這種沿綠線擊打的方式位作為打對方橫切面，即所謂的起橫。

　　無論在形意拳還是現代格鬥的搏擊理念中，左右移動的重要性應當遠遠大於前後移動。前後距離掌握好是基礎，而左右角度的控制通常會出現天才運動員。

（1）冷兵器中直刺無用，身法創造角度的創新

在競技體系中西方思維更注重誰更快，所以要求直線距離一旦足夠，立刻要發起進攻。無論是西方的刺槍術還是日本的劍道，都以速度克敵制勝。

然而競技面臨的風險小，雙方互相擊中重新開始就好。如果在真正的實戰對抗中出現這種情況，則會非常危險。

當一個人用長槍進攻另一個人，則如圖59所示。綠色線表示很長的距離。而我方左右槍橫移10cm左右，就可以撥擋開對方的進攻。對方長距離快速突進，並不佔特別佔優勢，因為到達目的落點的時間更長，而我方有充足的時間進行小範圍橫向格擋。

圖59

這一點在射箭及手槍射擊中的表現最為明顯，速度再快也快不過子彈。而決定子彈能否命中的關鍵在於槍手上下或左右方向是否瞄準；否則差之毫釐，失之千里。

形意拳刺槍術及刀術更側重左右上下運動，而不是一味地追求快速直攻，這一點與西方追求更快更高更強的思維不同。

現代拳擊運動能夠用拍擋打斷對方進攻，側閃下潛

閃避對方進攻，都是憑藉這種原理後發先至。

如果運動員的素質足夠做到閃避，那麼從橫向打擊對方的基本素質已經具備，只要換種思維方法實戰中起到的效果可能更好。

（2）形意拳搶大邊

形意拳由於是戰場上所用的武術，因此對於實戰的要求非常高。沒有很多打鬥時間，盡量一瞬間解決戰鬥，然後參加下一次對拼。經過一代又一代的前輩的努力，找到了解決這個問題的方法，這就是核心的身法運動。

我們在持槍對峙過程中，首先確定在雙方重心穩定的前提下，步伐移動時對方肯定會跟著攻方一起移動，無法靠步伐佔得先機。擂台搏擊中也如此，對方也是經驗豐富的運動員，不會讓攻方隨便移動到側面。（圖60）

圖60

　　而在冷兵器槍法中由重心的控制達到這個效果。

　　攻方運用向右移動獲得距離優勢，同時前遞槍封住對方槍身。如果對方想左右調整，攻方會以自己的槍身始終把對方的槍封閉在中線以外，對方很難回到中線用其槍指向攻方。

　　這種接觸後用攻方接觸點控制對方指向的行為叫作「推手」，在內家三拳中得到廣泛的訓練，實際就是練習手臂控制對方指向。攻方始終在對方兩側，而對方靈活轉動方向與我方保持正面。

　　如果對方繼續進攻，則會沿著紅色箭頭，而我方會主動進攻。對方下意識地應急向直刺，紅色槍尖會被攻方的黃色三角形防禦偏開，滑向身體兩側。對方無法刺到攻方的身體，而攻方在這個位置可以放心地突進打擊對方。（圖61）

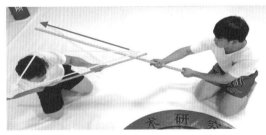

圖61

　　形意拳叫作「搶大邊」，核心為左右移動控制對方的進攻路線，從而達到控制其整體重心的作用。

　　當雙方重心互相不控制的時候，很難由步伐克制對方。槍法格鬥透過身體左右偏移，同時攻方用槍沿紅色箭頭控制住對方槍。一旦接觸，對方想再回到指向攻方的狀

態已不可能。攻方會用站樁中養成的良好樁功控制對方背對或者側對自己。（圖62）

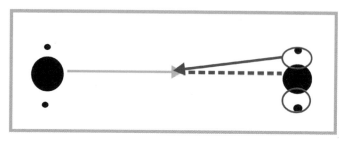

圖62

這種方法打擊對方槍的左右橫切面，盡量透過身法運動在一照面就佔據一個控制的位置，以獲得較高的勝率。

（3）李小龍的進步

李小龍先生是偉大的武術家，他學過拳擊、泰拳、跆拳道、菲律賓棍法、柔道等，最終形成了截拳道。

在形成截拳道的過程中，李小龍依然保留了詠春黐手技術，作為近身格鬥的必須訓練方式。因為他很清楚，西方互不控制重心的移動方式難以由步伐獲得左右的優勢位置。只有透過步伐左右移動，手法封閉控制對方無法再回到正面位置，攻方才能始終佔據優勢地位。

這也是為什麼國內很多形意拳和詠春拳愛好者無法把散手與推手相結合的原因，不會由遠程接觸控制對方重心，就是不具備虎撲的勁力，以及傳統拳的發力方法。沒有正確的發力，力量與對方在同一個水平線上自然無法控制對方。

（4）形意拳身法結合現代步伐的優勢體現

以直拳進攻為例，對方的意識會沿著黃色三角形鎖定到頂點上，也就是我方的頭部。我們透過步伐的移動同時出後手，用拋放體重的發力方法打擊對方三角形的斜邊，對方重心被衝擊的情況下根本無暇出後手。（圖63）

圖63

而我方藉由前手的接觸，可以調動對方重心左右偏移或者背對，達到一手控制對方兩手的作用。

向右側移動也是立刻用右手封住對方三角形一側，對方後退我方追著擊打。（圖64）

圖64

如果對方抵抗，則可以調整其變成側對我方，進行優勢擊打。

因為無論是左邊還是右邊，對方兩腳之間總有一條紅色連線。我方的用力均沿著黃色箭頭，垂直於紅線。這樣對方始終站立不穩，無法調整到合適位置。

形意拳中稱橫拳為「母拳」，意思就是每次進攻的時候都要用身法佔據左右兩側的優勢，用手法控制對方進攻三角形兩側。敢於硬打硬進並非直挺挺上衝，而是在步伐和手法佔據有利位置下衝擊對方。

透過合適的訓練方法，把這個理念應用到拳擊搏鬥中可能會讓我們的運動員完全不同於西方風格。

在李存義傳給尚雲祥的形意拳譜中是這樣描述橫拳的：「勾股三角極微處，心肝脾肺腎為主」。

橫拳就是控制對方三角形的斜邊，這是古人對於形意拳秘而不宣的智慧。

西方的思維不是控制思維，我方步伐動，對方也動，這樣不容易佔據優勢位置。

東方的太極哲學講究陰陽搭配，我方運動佔據優勢的時候，不允許對方逃脫控制。這樣的控制技能要求站樁，沒有強大的樁功作為後盾，很難佔據到優勢位置後強迫對方無法調整。

（5）**如果對方左右移動，我方能否繼續佔據優勢？**

如圖65所示，在雙方對峙過程中對方想要左右移動到我方右側，用拳進攻我方側面。

圖65

　　對方在我方一側的時候左右方向是極其不穩的，我方直接遞後手延黃色方向用力。瞬間對方就會站立不穩，我方連身法都不需要變化。由於站立不穩，所以對方兩手出拳都被我方阻擋，我方佔優勢。（圖66）

圖66

　　當對方移動到我方左側，我們用前手衝擊對方重心，對方格擋。這一瞬間其身體用力成為三角形，我方橫向轉腰就可以令其重心歪斜，用前手後手擊打。（圖67）

　　這樣相當於對方主動讓給我方斜面由我方擊打，甚至不用左右位移。

　　這是中國哲學中的以不變應萬變，不變不是一動不

圖67

動等著挨打，而是位置相對不變，透過身法的調整始終處於佔優勢的角度，所以可以等待對方進攻。

自然界中存在很多這樣的例子，如人的手很難抓住水中的魚，因為魚是不停移動的。

形意拳就在學習魚和飛鳥，看似不動實則暗中運動。

有經驗的刺魚高手會計算提前量，以魚槍的左右偏移迎合魚的左右偏移，核心還是左右運動。

獨特的角度會讓我們佔據優勢，但是只有站樁強化自身的結構才能在我們打擊對方側面的時候控制對方重心，讓對方無法反擊。

（6）解除意念的鎖定，形意拳的「意」到底是什麼？

當對方意識鎖定我方的時候，就應該已經出現身法的起橫了。而如果沒有解除意識鎖定的思維，實際搏鬥中會感覺自己總是慢半拍。（圖68）

在冷兵器對峙中被對方指中，並且快速進攻就是我方輸掉的一瞬間。因為對方已經意識鎖定了我方，而我方

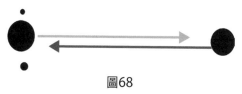

圖68

沒有感覺。

　　雙方空手搏鬥的時候，互相對峙，被人的意識鎖定時就會相對放鬆。

　　現代搏擊運動的雙方，雖然手裡沒有兵器，但是意識實際是相互鎖定的。一方隨時可以向另一方發起進攻，誰輸誰贏不定，勢均力敵。

　　我們應該是在遠距離的時候，對方意識鎖定自己的位置開始就用身法起橫，避開對方的意識指向。這是形意拳的「意」，即不被對方鎖定，爭取鎖定對方。

　　而拳擊運動運動員多是互相移動步伐，搶側面，其意識很好。

　　在拳擊體系中很多優秀的教練已經把意識鎖定，與解除意識鎖定的理念灌輸到運動員的心中。

　　傳統武術拳譜中很早就有這樣的理念，即我們一直在變化身法步伐，不讓對方鎖定自己的位置。找到有利角度立刻進攻，不拘泥於拳法或者腿法。

　　大成拳等拳法繼續強化了這種思維，王薌齋先生本身也是形意拳出身。他在講站樁中說：「如有大刀闊斧之巨敵及毒蛇猛獸蜿蜒而來，則用意識與其搏鬥。」用這種方式假想訓練，解除對方的意識鎖定。

　　所以真傳的武術功夫不僅僅在動作姿勢上，從理念

意念上就開始不同，錯誤的理念會制約功夫的進步。

（7）個人橫拳實戰訓練方法

◆ 角度變化打橫的方法

初期訓練可以面對一根直棍，由步伐左右移動避開直棍的指向。目的是在對方不動的前提下，我方左右橫移身體避免對方指向鎖定。（圖69）

圖69

◆ 配合夥伴訓練

讓一個夥伴兩手環握木棍指向我方，我方左右位移閃開木棍的指向。對方由不停地原地旋轉繼續指向我方，兩人由不停地閃躲加重新指向訓練步伐身法的移動速度。（圖70）

圖70

　　通常建議1分鐘一組，不要太過疲憊，雙方互相交換做4～6組養成習慣。我們會發現一旦動起來必須步伐移動，而身法移動總會被對方重新指中，我方又陷入了死循環。這個時候就要練習打斷的方式，控制對方的重心才可以避免其繼續轉動。

◆ 手臂接觸對方打斷其運動的方法

　　對方逆時針旋轉指向我方，我方右閃偏開指向；同時伸出左手中斷其運動，阻隔對方旋轉後組合進攻養成好的習慣。（圖71）

　　同時上步進攻，轉到對方側面90°的位置，對方會繼續逆時針旋轉指向我方。

　　在其轉動到重新指向我方的時候，身法繼續起橫，出手中斷其旋轉。上步進攻轉到對方90°的位置，循環旋轉訓練。（圖72）

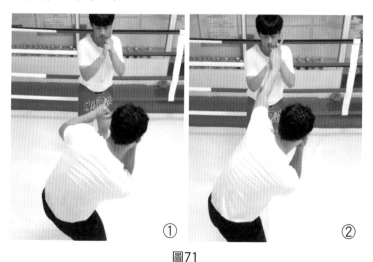

① ②

圖71

　　這種訓練方法由於增加了近身突進，不完全是左右位移，因此體能消耗非常大。建議1分鐘一組不要太過疲勞，配合卡位後的組合拳進攻會增加訓練樂趣。

　　這種方式能夠很好地養成解除意識鎖定及起橫打斷對方運動的習慣，從而掌握形意拳的佔位方法。（圖73）

圖72

圖73

4.1
劈拳發力與現代格鬥體系的力量提高對比

　　形意拳的劈拳是第1個進攻的拳法，是一種身體運化成弧線，撞擊手臂發出整體力量的方法。

　　由於調動體重產生很大的衝擊力，在格鬥過程中很容易打得對方站立不穩或者打散其間架，因此在拳性上號稱「劈拳似斧性屬金」。如果劈拳無法達到這樣的效果，就相當於沒有繼承前輩的拳法。

　　「出手橫拳，把把虎撲！」我們結合一個例子來講解劈拳過去打活樁的發力訓練方法。

　　讓對方抓握住我方雙手，模擬我方拳法打到盡頭，無法繼續發力的狀態。我方直向的力量很難打動對方，因為對方是三角形雙腳支撐，所以我方手臂僅存的持續的衝擊力很難在與對方雙腳的支撐頂抗中獲益。（圖74）

圖74

圖75

　　這個時候形意劈拳解決的辦法是手臂不動，身體圍繞接觸點畫圓，如圖75所示。

　　在手臂不動的前提下，用身體圓周運動的力量繼續發力破壞對方的重心。

　　這個時候由於對方的抵抗力量，沿橫向指向我方身體，而我方力量是弧線運動，能夠改變對方的直線力量，所以用弧線的體重重力壓迫到對方重心上，使其站立不穩。對方站立不穩的時候無法有效組織還擊，在格鬥中我方成功的概率更大一些。

　　這種發力的模式稱之為「體重打人」，所謂的出手橫拳和把把虎撲就像老虎捕獵一樣用身體撲撞的力量打人。

　　虎撲發力實際就是讓我方的重心運動成一個圓圈，體重也畫了一個圓圈。力量不過是沿著重心圓圈的切線由手臂發出而已，而不依靠手臂的屈伸發力。（圖76）

　　由於整個動作是圓形，所以孫祿堂拳譜中「劈拳是一氣之起落」，這才是真正劈拳的意義。很多朋友在練習

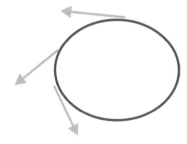

圖76

劈拳的時候喜歡手直挺挺地推出去，這種風格如何體現一氣之起落？即使是我方手直挺挺地推出，也要有身體的畫圓才能拋放出自身體重，構成打擊對方重心的力量。

在我們日常形意拳練習的過程中，無論是手直推還是像「車派」，或者「尚派」的弧線下劈都是對的，關鍵在於身體有沒有畫圓。

形意拳劈拳的發力是摒棄了手臂的運動，形意拳必須站椿，端著自己的兩個手臂的目的就是在訓練初期養成肩膀固定不動的習慣，廢棄手臂的運動改為身體的運動。

所以，王薌齋講站椿為「大動不如小動，小動不如蠕動」。站椿的核心在於正確的身體運動，而非靜止不動像棍子一樣。《逝去的武林》提到站椿要學冬天的蟲子也是這個意思。薛顛前輩在著作中說「椿功是慢慢以神意運之」，都是說的這個道理。

所謂大束縛得大自在，只有固定住手臂站椿才能讓身體運轉起來，這種發力的風格是為了進攻的每個動作都可以控制對方重心。

4.2
如果現代直拳改為劈拳，發力風格會有什麼變化

1・劈拳的重心控制

由於常規的左直拳和右直拳發力不控制對方重心，因此

圖77

　　對方會利用兩拳之間時間差進行閃躲或者反擊。（圖77）

　　雖然我們由速度訓練盡量縮短時間差，但是其客觀存在。由於存在兩拳之間的時間差，躲閃和格擋動作才能存在，所以這個時間差一定是可以被利用的。（圖78）

圖78

　　我方打擊對方頭部，後手攻擊肋骨。對方會趁著我方前手與後手之間的時間差反擊。（圖79）

　　我們按照形意拳中劈拳的打擊方法，用左小臂自上而下劈擊對方，取代左直拳。在打擊左手的劈拳時，使用

圖79

平時訓練的發力方式，所以在對方雙手抓握我方雙臂，並用體重阻擋我方的時候，依然可以把對方打得失去重心。

整力的打擊，對方會感覺到重心被動搖而全力抵抗，而身體如同一個僵硬的三角形。我方旋轉身體到與對方側對，此時追加右手直拳進攻很安全。

我方左手壓制對方重心的時候，對方很難用後手反擊我方。（圖80）

雖然在這個進攻過程中，看上去我方手的動作緩慢，但是腰的轉動卻很快速。

由於對方的身體重心被控制，所以這種用緩慢動作控制對方重心的方法，反而比現代西方格鬥快速擊打的方法要安全。

劈拳的拋放體重發力是一個很重要的基礎，必須做到如老虎撲人一般撞動對方重心。如果沒有這個發力基礎，形意拳技法便難以體現功效了。

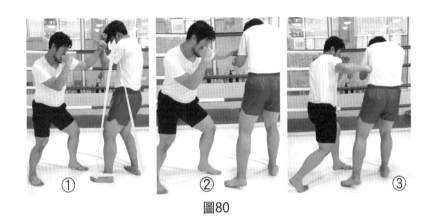

圖80

2·劈拳的打擊位置

這種打擊方法一定不可以用拳頭，因為拳頭只在頂部用力，而且在打中對方的一瞬間，意味著其作用結束。如果用小臂擊打，則可以起到控制對方重心的作用。

4.3
劈拳用小臂進攻，接觸對方瞬間的槓桿作用

在現代的格鬥體系中，當我方拍擊防守進攻的時候，落手臂與打擊之間會有一個時間差，對方也會警覺。

從大概率而言，我方需要多次嘗試之後才可能打擊成功，從而為比賽增加了很多不確定性，這也是比賽的樂趣所在。（圖81）

由於對方的出拳是水平方向直線前衝，我方用手掌

圖81

拍擊是垂直向下的力量，所以沿著垂直方向需要一定的發力距離，才可以改變對方出拳的直線軌跡。（圖82）

圖82

如果維持劈拳的樁架結構，用小臂進攻對方則可以圍繞接觸點向下、向上、向左、向右，利用槓桿作用力改變對方重心，化解對方的打擊。

1‧向下改變對方重心

我們維持好劈拳的格鬥姿勢，用小臂擊打對方。

由於平時訓練劈拳發力，在對方雙手握著我方手臂的時候，可以撞擊對方重心，使其站立不穩，因此在接觸瞬間對方會全力抵抗。我方微微前俯，就可以利用身體的

圖83

槓桿作用力，由接觸點壓迫對方手臂，繼續用前手進攻。
（圖83）

　　同時由於對方的全力抵抗的力量向外，所以我方俯腰瞬間對方短暫失重，重心會前傾，無暇反擊我方。

2・後仰：我方劈拳進攻對方，後仰身體打入

　　我方進攻，對方抵抗。圍繞著小臂與對方的接觸點，我們可以後仰身體畫圓，用手肘繼續進攻，圍繞接觸點幾乎不用費力就可以肘擊進去。而由於我方後仰下蹲降低了重心高度，再撞擊對方重心，使對方重心不穩，方便我方後續進攻。（圖84）

圖84

3．左轉

小臂撞擊對方拳頭後身體左轉，壓著對方拳頭擊打並前壓。

對方由於全力抵抗，所以我方轉腰時對方會向一側前傾。失重瞬間無法發力打右手，而我方重心穩定繼續用前後手擊打對方。（圖85）

圖85

4．右轉

小臂格擋對方拳頭後右轉打擊對方。由於我方右轉，所以肘封閉住對方後手。並且由於攻擊方向是沿著對方側面，因此對方很容易瞬間站立不穩而失去重心。

形意拳劈拳的弧線打擊，加上近身接觸後的四個方向槓桿變化，才是一個完整的劈拳。利用對方抵抗我方體重發力之時，重心會微微前傾的機會，由四個方向變化讓對方瞬間失重，失重的一瞬間無暇打擊我方。

雖然小臂接觸看上去縮短了一定距離，但是由於在對方的接觸點上會構成槓桿，因此圍繞支點左右上下運動，調整對方重心反而能以短克長。

　　拳頭打擊看上去力長，然而接觸就意味動作結束。
需要抽回來用後手擊打，雖然看上去長，然而只有打中之
後的一點有用。（圖86）

　　拳頭只有在前後方向有力，而上下左右沒有力量，
很容易被改變方向。

　　俯仰之間重心是流動的，重心不穩定才能撞擊對
方。

　　在前手直拳伸直不墊步的時候，接觸不到對方手
掌。如果我們手臂彎曲，用俯腰劈拳的動作，依然可以在
不墊步的情況下打擊到對方的手掌。（圖87）

圖86

圖87

劈拳的距離並不短，腰身的俯仰增加了打擊距離。

現代格鬥不敢採取這種方式，因為身體前傾重心不穩時，後手拳打出會不連貫、不符合重心穩定連續左右出拳的現代格鬥風格。

形意拳是拋放體重發力，身體前俯如「老農鋤地」。腰的重量包括重心可以施加到對方身上，巨大的衝擊力會令其站立不穩。這個時候我們很容易調整到對方側面，從而形成打擊。

形意拳注重控制身體重心，要求自身重心不固定，在體內流動並適時撞擊對方。所以太極拳講究隨遇平衡，形意拳八卦掌要求步隨身變。

進攻時候隨著身體重心的前傾或後仰，用不穩定的重心搭在對方身上形成新的平衡。

對方被我重心搭住時是不平衡的，所以我方打擊手不可以收回。而是腰身快速變化，把重心壓到對方身上，這是套路慢吞吞練習的核心。（圖88）

圖88

重心在體內流動形成所謂氣易鼓盪的狀態。

形意拳等內家拳是知彼的功夫，因為知道對方的狀態，所以訓練實戰看上去雖然慢吞吞，但是對方的重心在我方的控制之下。長久以來，武術的沉澱和積累充分體現了中華文化的「穩如泰山、胸有成竹」。

4.4
錯誤的內家拳練習方式：
身體中正直挺，即僵屍拳

很多武友在訓練劈拳的時候，都知道拳譜說劈拳如老農鋤地，即自然伴隨身體俯仰的力量，把鋤頭抬起來落下去。但有的時候又受其他拳種的影響，要求立身中正，身體不敢出現一點俯仰的狀態，這是不對的。

俯仰是一個過程，由俯仰練習體重的前後運動，向對方發出。當具備了這種力量後，即使立身中正也能夠把體重發出去。

這是正確的訓練流程。

《太極拳》中也說過：「俯之則彌深，仰之則彌高。」

練功過程中無論任何拳種都必然伴隨俯仰的體重變化，開始就立身中正追求最高境界則不可。

而現代的語言環境已經遠離了古代語境，我們單看字面意思很難理解古拳譜的含義。一代代的口傳身授的重

要性可見一斑，現代弘揚傳統武術需要把古代晦澀難懂的拳譜語言轉化為現代人可以理解的拳理。

⊞ 4.5
形意拳流派中的劈拳分類

1.手掌劈拳

手掌劈拳並非錯誤，大家知道劈拳肘打，功力集中在小臂上。甚至有的前輩由於抻筋拔骨做得好，都不必由手臂彎曲劈出，而是在落式結束的時候小臂水平。

2.握拳劈拳

握拳劈拳以戴家形意拳、車式形意拳及尚雲祥一脈的形意拳為代表，強調的是以小臂的擊打為主。因此無論是哪種劈拳，功力集中在小臂上。這是因為我們的手腕、手肘、肩膀更容易形成三角形結構，讓體重由三角形更好地過渡到對方身上。

由身體的弧線運動可以使對方重心不穩，而手臂維持三角形結構。隨著身體畫弧，手臂也進行弧線打擊，可以拉開對方的防守抱架。

這種技術在高水準的拳擊比賽中出現過很多次，但不算是常規技術，而是某幾個天才選手在實戰過程中產生的

圖89

靈犀一閃，如同馬琴科出現在拳擊比賽中用手臂畫弧拉開對方間架進行打擊的方法。（圖89）

4.6
劈拳面的進攻意識

在現代體系中我們習慣了打靶，而持靶一方也習慣了用拳靶大小的手掌拍擊對方拳頭進行格擋。

由於對方進攻時雙拳可以看做兩個點，因此對方也按照點的方式進攻；防守時依然是防守進攻來的點，而這個點的直徑就是拳套的直徑，不會太大。

為此需要選手練習過程中有更精准的判斷力、更快的反應速度和更清晰的洞察力。這種防守是很消耗體能

的，如果用傳統武術的方式替代可能會更加省力，只需要進行一些意識上的轉變。

　　形意拳的小臂格擋，實際就是冷兵器格鬥中盾牌的應用。如果小臂掛著一面盾牌，肯定是用整個小臂封擋進攻。而我們用小臂圍繞面部畫弧線，本身就相當於一個大的盾牌防護著自己的頭和面部。（圖90）

圖90

　　這樣在我方防守過程中，都用一個面格擋，成功的概率要大於用點拍擊。

　　在主動進攻過程中，如果我方用劈拳的小臂進攻，對方格擋的時候相當於手持一個圓盾，不需要收回來打擊。小臂由於槓桿作用，因此只需要微微變變角度就可以改變對方的重心，而打擊到對方的頭面部，這樣會更加省力。

　　這種思維方式不需要多麼精準的判斷，因為小臂的防護面比手掌要大很多，能夠更好地節省體能。

　　在直拳進攻的時候，小臂與一根直棍沒有太大差

圖91

別，在前後方向上非常有力。但是左右、上下一晃動，就沒有力量了。（圖91）

「鑽拳似水」，主要就是利用這個原理改變發力的方向。

4.7
劈拳形成的冷兵器背景

形意拳號稱大將岳飛所創，用於陣站殺敵的拳法。混圓椿兩手一舉是模擬雙手持刀的動作，而三體式前手上揚持盾，後手持刀也可以理解為雙手持槍的姿勢。

　　戰場殺敵要求時間效率，在日常操練之時不能先學刀法後學槍法。

　　透過劈拳的空手操作自然掌握刀槍技術，拿上刀盾或者槍稍加操練即可掌握，這是古人的學問。

　　模擬兵器的拳法很少用拳頭進攻，手上套著盾肯定用小臂撞擊更加順手。

1·弧線發力的必然性

　　劈拳的動作模擬盾牌或者刀上下劈砸，即使對方格擋也使其站立不穩。弧線發力才能做到，直線發力無法撞動對方從頭到兩腳的三角形。

2·拋放重心發力的必然性

　　手持的盾或者刀至少是三四斤，持盾後不可以抬手臂下砸發力。

　　手持盾維持角度不變，身體躍起畫圓，利用重心砸撞對方比較省力，不過是用了蹬地加體重下落的力量取代了手臂運動；同時攻方的重心撞擊對方重心能讓對方站立不穩，無暇反擊，很經濟。

　　劈拳舉盾圍繞面部畫弧線，在形意拳的練功動作中叫作「貓洗臉」；反之叫作「貓梳頭」，是很凶狠的動作。

　　當手在中線上格擋對方時稍微偏開對方的進攻路線，利用周身的力量往前一衝就可以用肘頂到對方的身體

圖92

上，最輕的打擊也是使對方重心遺失。如果打中面部、胸口、肋骨，對方就會受到很嚴重的傷害。（圖92）

4.8
不收回劈拳手

　　用整力撞擊對方，會在一瞬間破壞對方重心，但是這還不夠，最好是接觸之後一直令其重心不穩。

　　為了更好地控制對方的重心，不允許收回打擊出去的手，用距離對方最近的點控制才是合適的。如果換後手擊打，則會產生漏洞與時間差。

　　按照不可以回手的思維來考慮，我方一條臂膀上至少有四個打擊落點，即拳頭、小臂、肘、肩膀可以用來接觸對方。

　　前手拳頭被封閉用小臂接觸，小臂被封閉用肘接觸，肘被封閉用肩膀接觸。始終不放棄前端接觸點，用最接近對方的點去控制其重心。

手臂抽回來換後手攻擊的時間差過大，對方有充足時間穩定重心，從而令控制失敗。

而這樣的不回收手的做法與現代思維格格不入，在套路的練習中有兩種表現形式。

〈1〉大量站三體式樁功，養成前手不回始終指向對方的習慣，封閉對方視線控制其重心。

〈2〉在劈拳套路練習中小臂打擊到位置後盡量不動，身體輾轉練功。用肘、膀繼續向內進攻，形成劈拳始終單側手在前的風格。

這樣的打擊方式也構成了獨特的形意拳進攻節奏，拳譜中叫作：「硬打硬進無遮攔，追風趕月不放鬆。」

4.9
手臂接觸距離短，養成近身的意識及習慣

很多剛接觸格鬥的武友在訓練過程中遠了用腳踢，近了用拳打。雙方都在一個較遠的距離內戰鬥，會發現很多時候接觸不到對方。

經驗豐富的職業選手距離控制得非常好，敵進我退，敵退我擾。始終保持在想遠離對方就可以遠離，想貼近時就可以重擊的合適距離。

由於害怕被擊打，以及初學者的恐懼心理，因此雙方經常在拳頭的搏鬥中保持中遠距離。如果應用小臂作為

擊打位置，擊打範圍一定比拳頭要近，這就要求在實戰中要不停地向前湊接近對方。

而實戰中打出重擊必須要有近身，養成近身的習慣非常重要。

拳譜中所謂的「打法」一定要先動上身，以擊中對方為要。

為了讓小臂接觸對方，必須養成貼身的習慣，捨遠求近是形意拳中蘊含的勇氣。

4.10
劈拳的角度突破

摔跤是獨特的進攻角度，通常的上肢進攻意識都在長方形的空間內。

摔跤之時，如果一瞬間我方突破了對方進攻的空間，便會使對方會失去目標，需要重新鎖定。我方壓低重心衝撞對方，令其重心不穩無法反擊。（圖93）

圖93

劈拳在形意拳中是自上而下的打擊方式，它突破了通常拳法打擊的角度，也容易控制對方的重心

在拳法對抗過程中，實際人存在於一個長方形中。無論是直拳、勾拳、擺拳，大致都是沿著黃色長方形發起的，最終又落入長方形。（圖94）

劈拳的優勢是會越過這個長方形擊打，雙手高抬。對方所有的直線攻擊都籠罩在我方小臂以下，用盾牌的意識很容易封擋手臂。（圖95）

由於是斜 45°左右的擊打，因此每次對方進行防禦的時候，我方力量斜向下向後撞擊對方重心都很容易使其失

圖94

圖95

重。

　　劈拳的擊打叫作「兩手結合迎面出」，運用這種格鬥方式，手臂總是相比對方高出一截，適用於身高臂展佔優勢者。（圖96）

　　鑽拳是從下往上的角度打擊，也是由小臂擊打產生同摔跤的身體衝撞，可收到控制對方的重心的效果。（圖97）

　　所以，鑽拳在拳譜中叫作「鑽拳如水之就下，無孔

圖96

圖97

不入；打起打落，如水之翻浪」，即降低重心，從下向上打擊對方；劈拳是身體躍起，利用體重及拳臂的組合下落擊打對方。

超越了長方形的空間角度，對方的直線進攻都在我方防守面以內，因此容易打擊進去。

如果這種每次打擊都克制對方重心的方式出現在現代的搏擊賽場中，會讓對方非常不適應。

4.11
形意拳的進攻節奏

形意拳在練功過程中動作相對緩慢，目的是培養接觸之後，運用身體運動控制對方重心的能力。

當我們進攻手接觸到對方的時候，並不意味一個動作的結束，正相反，這恰恰是開始。由此就產生了諸多形意拳、太極拳推手、詠春拳黐手等技術，以及運用手臂的接觸改變對方重心的練習方法。

實戰的時候，形意拳的攻防節奏不像我們理解的現代體系格鬥雙方有來有往。現代格鬥由於都是動力鏈發力，雙方的力量都無法破壞對方的平衡，所以一旦防禦住對方，雙方自然是互相擊打，不容易產生控制的概念。

而傳統的形意拳是佔據有利位置，連貫打擊並近身壓迫。能夠用橫拳攻擊對方兩側創造近身機會，讓對方始

終處於側對我方的位置，便於我方發動重擊。

上下方向由於角度的突破，而創造破壞重心的機會，因此出拳可以撼動從頭到兩腳的三角形，讓對方進退失據。一旦能夠使對方重心不穩，我方就會摧枯拉朽地打擊進去，不讓其產生恢復重心的可能性。

形意拳的進攻節奏是手上慢，而身體運動快。大成拳的創始人王薌齋前輩總結叫作「身勤手懶」，即手不輕易收回，而利用身體的變化控制對方的重心。

形意拳手在平時的日常訓練中也形成了手上慢吞吞，身體動得快的風格。

實戰情況瞬息萬變，西方格鬥體系與東方格鬥體系並沒有誰高誰低的說法。實戰中是否能夠得心應手，需要看雙方的水準如何。

4.12
劈拳發力的練習法

1·原地發力

令對方雙手握緊我方小臂，但是注意不要讓其使用太大的力，即不要影響我方的重心。如果被壓制了重心，則很難發出力。

這個力度剛好足夠緊握手臂，不讓我方手臂運動即可。

　　我方用身體軀幹運動，拋放體重發力把對方打得向前移動，破壞其重心。這種方法在形意拳中叫作「打活樁」，建議做10～15次一組之後，雙方互換，練習4～5組即可養成習慣，當這樣的一種方法能夠習慣之後，就需要養成遠距離發劈拳力量的習慣。（圖98）

圖98

2・遠距離發力

　　實戰中不可以只在接觸後用力，在遠程戰鬥的時候也要有衝擊對方重心的能力。

　　搏擊過程中雙方都是垂肘護肋骨，這種站姿更貼近實戰。

　　當對方垂肘的時候，我方力量可以比較容易地經由大臂傳導到其身上。

　　不要令對方雙手打開環握，其肘部關節會自然形成緩衝，令我方力量難以過渡到其身上。（圖99）

　　我方拉開一段距離，同樣用原地發力的方法運動身體把對方打得離地而起。（圖100）

圖99

圖100

　　當拉開距離也能夠做到發力打擊對方，實戰中透過瞬間打擊破壞對方重心，搭手人飛牆上掛畫的功夫也有苗頭了。

　　過渡到模擬格鬥中，對方用雙手抱頭，我方用劈拳打動其重心；過渡到實戰過程中，不一定能夠打動對方重心。因為這個時候雖然對方重心已經失去，我方也需要時間追上步子打擊對方，而對方往往就已經調整好重心了。

　　實戰中，應用劈拳是給對方一半或者更小的力量，能夠讓對方感受到我方的體重衝擊，下意識地也用自身體重頂抗。這時候撤回勁路改變方向，令對方背對或者側對

圖101

我方創造打擊機會。（圖101）

　　這就是之前講的沿著接觸點四個方向的槓桿變化，《逝去的武林》中說：「輕出重收。」收回並改變我方與對方的相對方向要比前衝的重要性更大一些。

4.13
劈拳打靶實戰過渡練習

　　現代打擊拳靶的動作可以很好地應用到劈拳的訓練中，這是很先進的方法，只要注意堅持形意拳的核心要義就好。

　　現代搏擊是用拳靶當做人的頭部或者胸腹等打擊點，用拳頭擊打作為落點，模擬實戰訓練的方式。現代搏擊體系中的左右直拳持靶方式，打中拳靶意味一個動作結束。（圖102）

　　傳統形意拳不可以用這種方式擊打，因為體現不出

圖102

傳統技術中的開手與變勁。

形意拳把拳靶當做對方的兩臂格擋，我方拿拳靶的時候要模擬對方的小臂格擋，破壞掉間架繼續向裡打擊。

目的是持靶人用拳靶擋住我方進攻，我方越過拳靶繼續進攻靶師身體或者頭部。

如圖103所示，令對方持靶。我方左劈拳取代左直拳，自上而下進攻。

圖103

打中靶子的一瞬間不可以就此停頓，要左轉身體拉開對方持靶左手，封住對方右手防止對方進攻，繼續往裡擊打。

如果對方是左手持靶，則我方用左劈拳代替左直拳，撞擊對方小臂。此時動作不可以停止，同樣左轉身體化開對方防守力量，並且用右手進攻打擊對方的後靶。（圖104）

由這兩個打擊案例可以看出，形意拳的打擊思維是

圖104

接觸拳靶後化解對方的抵抗力量,並繼續向內擊打。按照
傳統武術的思維,這叫作「開手」,劈拳「似斧、屬金」
就是要打開對方間架。

　　這樣的打擊意識把對方格擋考慮在內,如果加入到
現代體系的訓練中,應該會形成不一樣的風格。

　　根據之前講解的劈拳四個方向的槓桿變化,在打靶
的時候也可以專項練習這四種角度變化的能力。

當對方亮靶，我方擊中拳靶的時候會有最基本的四個角度進行變化而繼續打擊對方軀幹。

（1）**向下**（圖105）

圖105

打擊到拳靶身體下沉繼續用肘進攻，這樣利用了槓桿力量的作用。接觸後用肘部頂進對方胸腹，同時撞動對方重心。

（2）**向上**（圖106）

圖106

　　打中拳靶後，可自下而上繼續肘部劈擊對方面部。

　　擊中拳靶後，後手輔助不讓對方的手臂亂動，身體躍起來繼續用體重砸擊對方頭部。這時也是一個槓桿作用，由於對方的點是直的，我方上下運動不會承受力量，所以可以躍起身體打擊對方的身體，這是一種很好的方式。

　　（3）**左轉**（圖107）

圖107

　　打中拳靶後向左拐肘，破壞對方防禦與重心，繼續擊打對方軀幹。

（4）**右轉**（圖108）

圖108

　　打中拳靶後身體右拐，用肘打擊對方面部，封擋其後手。

　　透過這種體系化的打靶方式可以很快訓練出形意拳與現代搏擊不一樣的打擊風格。

鑽　拳

在形意拳中，鑽拳是一個很有代表性的拳法。拳譜中稱為：「鑽拳似水，無孔不入。」從拳諺上來思考，鑽拳更多側重發力的角度，減少力量的損耗，其中的科學性非常值得我們思索。

5.1
鑽拳發力的中軸理論

現代體系出拳非常科學，從站姿開始就要求前後站立，減少打擊面。

後手在我們的肋骨附近，這樣在身體轉動的時候，直拳沿著轉腰的圓形切線擊打出去。力量能夠由圓柱形的身體打擊到目標，穿透力量會大很多。

在這個過程中從上往下看是以頭頂心為圓心，以大臂為半徑做接近半周的圓周運動，如圖109所示。

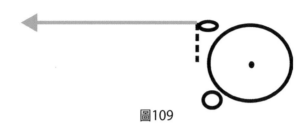

圖109

　　檢測效果的時候可能面臨一個問題，即當我方打中對方身體後很難繼續穿透，從而破壞對方重心，這是因為圓弧形的動作有半徑，遇到阻礙自然會卡住。

　　動力鏈發力出拳，是腰圓周轉動的動作軌跡，出腿也是。無論是直勾擺還是鞭腿和掃腿，只要存在發力半徑，打擊目標遇到阻力的時候就會被卡住。這時需要抽回換另一腿，所以擊中目標就意味著動作的結束。

　　鑽拳號稱「守中用中」，要求肘從中線出拳，這樣雖然看上去很彆扭，但是會在很大程度上減少力量消耗。

　　例如，鑽拳定步訓練時候要求兩肘從中線打出。（圖110）

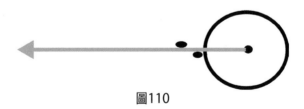

圖110

　　從頭上方角度來看，鑽拳的發力完全從中軸發出，省去了發力的半徑。當遇到目標阻礙的時候，轉腰的力量可以繼續無阻礙地向內穿透。因為沒有半徑，所以就會減少很多的能量損耗。

　　這種方式也可以透過同伴的阻力驗證，讓同伴兩手握緊且兩腿分開站穩，頂住我方往前打擊的力量。當我方的肘在肋骨兩側，也就是有發力半徑的時候，會發現很難把對方打擊出去。但是肘沿著中線出拳，就可以很輕鬆地把對方衝擊出去。

　　當我們肘在中線的發力情況下，遇到對方阻力可以很好地把體重輸送出去，讓對方失去重心，這是鑽拳發力訓練的核心目的所在。

　　打擊沙袋與打擊人體不同，打擊沙袋時身體轉動半徑越大，擊打力量越大。然而人體並非沙袋，不會等待大範圍的擊打。（圖111）

　　擊打最重要的是速度加角度，打不中目標無用。打中發力角度不好，不影響重心，還需要撤回來打擊拳。

　　如果肘在中線會產生更好的穿透力量，減少能量損耗。

圖111

5.2
鑽拳動作軌跡與勾拳的區別（落手）

由於發力方式的不同，所以傳統的鑽拳與現代勾拳還是有差別的。

大部分人在使用勾拳擊打的時候會按照標準流程，首先落拳獲得自下而上的打擊距離，然後蹬地轉腰把拳打至對方下頜處。

後手勾拳也是這樣，需要落拳獲得一定落差，然後蹬地轉腰把拳送出。

這樣沒有問題，因為現代搏擊體系習慣用動力鏈發力，發力必須要有一定距離。雖然抱架的時候前手很接近對方的面部，但是為了發出更大的力量必須把手落下獲得發力距離，然後蹬地打擊。

圖112

　　由於落手經過了一個較遠的路線，因此容易讓對方產生防守機會。（圖112）

　　從傳統拋放體重發力的思維角度，不需要落拳也可以打出勾拳，形意拳的鑽拳就是為了這樣的打擊方式而設計的。

　　在我方下頜高度的前方拉一條白線，然後打出勾拳，這條直線如同是對方的阻隔。在落拳的一瞬間，對方有充足的機會沿著白線進攻我方。（圖113）

圖113

　　而形意拳鑽拳的思維延續了我們之前的要點，即先不動拳，而是身體上下運動，由體重拋放把鑽拳打出。

　　形意拳鑽拳的思維是兩拳左右護臉，用身體的下蹲蓄力，蹬地轉腰把勾拳送出。

　　將鑽拳與現代勾拳作對比，兩者看上去動作差別不

圖114

大。最大的差別是，形意拳不允許手臂屈伸勾出，而是重心下沉，蹬地轉腰用重心起伏撞擊手臂，手臂三角形盡量鎖死。（圖114）

鑽拳會減少手臂的下落距離，抱架不會漏出空隙。

在現代格鬥體系中由於發力的時候要維持身體平衡，重心盡量不要前後移動，不許前俯後仰，身體盡量保持中正，所以不落手無法發出勾拳最大的力量。

而傳統的鑽拳發力是體重前俯後仰撞擊小臂，用體重發力打擊對方，手完全可以不落。

這如同我們在用刀法撩砍時候，需要把刀落下來再行撩砍。但是對方的直刺不會等待，這是一個很嚴重的問題。實戰總是瞬息萬變，如果動作可以減少漏洞，則獲勝

圖115

概率會更高。（圖115）

身體下蹲打擊勾拳會不會速度慢？回答是不會，因為有如下兩個方面的因素。

（1）打拳同時閃避

由於身體下蹲閃過直線，所以本身相當於躲閃對方來拳。而下蹲後蹬腿的力量相當於我們下蹲後起跳打拳，整個體重會撞擊到手臂上，不僅靠手臂屈伸的力量。在同等體重的前提下，相對於現代勾拳的打擊力度會更大。

（2）**對方會根據我方的運動調整目標，這是心理因素決定的**

當我方落手打出勾拳的時候，看上去快，但是對方卻一直鎖定著我方的下頜。我方落拳就給對方提供了擊打的信號，我方失敗的概率很大。（圖116）

圖116

而整個身體下蹲看上去很笨拙，從速度上會慢一點，但是對方會失去我方頭部的鎖定目標，需要再次尋找目標，在這零點幾秒內沒有出拳目標。

這與我們用假動作虛晃對方，創造重擊機會是一樣的。假動作誘導對方誤判我方動作，為所謂「緩慢的後手勾拳」提供機會。

透過這種打擊方式，假動作會全程貫穿在擊打之中。因為我方的身法是不停運動的，所以對方需要不停地鎖定我方的位置。無法鎖定位置本身就是打斷對方的行為，所以形意拳八字功中記載：「截法者，截言、截面、截心、截身。」其中截心就是打斷對方意識控制的鎖定行為。

不落拳打勾拳我方漏洞會少，同時身法上下運動閃避非常有速度優勢。

形意拳的每一次出拳都把對方的格擋及意識鎖定考慮在內，其形是動作，意是考慮雙方的意識。

5.3
鑽拳發力的身體運動軌跡

很多武友練習形意拳完全依賴手臂和腿的運動，這樣發力的力量不夠。（圖117）

圖117

以鑽拳為例，手臂從腰間打擊到下頷。如果單純靠手臂力量，則難以形成動力鏈。看上去鑽拳是手臂發力，實際上如果對方抓握我方的小臂阻止我方向前發力，則這種直接抬手打拳的方法完全無用。（圖118）

圖118

　　與劈拳一樣，鑽拳的發力方式也應該是手臂不動。身體向後向下向前畫圓，使身體發生像浪湧一樣的力量把對方打擊出去。

　　通常武友看到的形意拳的發力風格與我們探討的截然不同，即身體直挺挺地推拉手臂發力，而沒有用體重的力量，從原理上分析如下。

　　〈1〉「打起打落如水之翻浪，崩拳如浪行舟」指的是身體有上下起伏，而不是手臂。

　　〈2〉《太極拳論》說：「仰之則彌高，俯之則彌低。」俯仰必然是練拳中瞬間存在的狀態，整個身體直挺挺地屈伸手臂打拳勁不整。（圖119）

　　《拳意述真》中說：「以至極高、極俯、極矮、極仰之形式，亦總不離三體式單重之中心。」證明孫祿堂拳法中必然具備高低俯仰的動態，實際就是身體畫圓的過程。

　　形意拳的套路練習大多是輕柔舒緩的，身體緩慢湧

圖119

動，對方碰上去就站不住。故意怒氣震腳發的力量完全不符合形意拳理，氣易鼓盪，神易內斂，拿什麼鼓盪？體重！

〈3〉為何要站樁？練樁功的時候手臂固定，在一定高度盡量不要動，而身體按照正確的方式運動。薛顛所謂：「樁功以神意運之。」拳譜叫作：「靜中之動，謂之真動」。

形意拳每個動作的設定，都是讓身體代替手臂運動打出更大的力量，但是鑽拳與勾拳有所區別。具體體現在勾拳動作不能落手，要落軀幹發力；發力不靠手，而是靠

下蹲蹬地拋出重心的方式。

鑽拳也可以當勾拳來用，如果其發力方式與動作能夠加到現代訓練中，從大概率來講會幫助更多的武友提高技術。

5.4
鑽拳發力產生的三節轉換

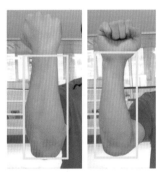

圖120

圖121

由於是身體的弧線運動，手腕也和劈拳一樣難以承受如此大的力量，因此鑽拳通常都是用小臂外側及內側作為打擊點。（圖120）

小臂維持一個三角形的結構，然後用這個三角形構成的面擊打對方。這個時候蹬地、轉腰、展胯的合力可以由一個個三角形將體重的力量打擊到物體上。（圖121）

通常，對戰的時候一拳無法結束戰鬥，向上擊打會被對方全力攔截。如果力量足夠強，能使對方重心不穩。這時

不允許抽回手；否則對方會有時間調整重心，應該繼續調整角度衝擊對方的重心。

　　鑽拳接觸之後也有四個主要方向的旋轉打開對方間架。

　　1 · 四個方向化解對方力量，以向下為例示範（圖122）

圖122

　　2 · 對方頂力過大回身撤腰，令對方失重前傾，從一側打擊（圖123）

圖123

　　由於對方失重前傾，因此我方借著對方前傾會使打擊的力度更大。

3‧對方並非格擋，而是採取閃躲導致打空

如果我方打空撤回前手，用距離對方較遠的後手再行進攻，對方有充足時間調整重心反攻我方。

如果我方用「持盾」的方式抱著前手前衝，對方後仰的重心無法迅速調整到位。我方可以憑藉接觸點用全身體重衝擊其重心，使對方繼續陷入失重狀態。

我方前衝由肘部封住對方的後手，對方無法打擊我方，這種一隻手控制對方兩手的方式將在介紹崩拳中講解。（圖124）

圖124

4．鑽拳的角度破壞

劈拳在打擊的時候從長方形上方擊打對方，鑽拳的訓練養成的習慣是身體一直在長方形下方。現代拳擊也有了這樣的訓練意識，打拳靶訓練的時候重心比對方低，這樣對方一出拳我方就下潛，令其難以捉摸。（圖125）

圖125

這樣的站位有如下好處：

〈1〉對方落拳打擊，我方會清晰地感覺到，因為其落拳沿黃色箭頭擊打會有較大的空檔，我方可沿著紅色箭頭反擊。

而對方屈伸肘部打擊我方，我方一個直拳就可以控制距離，所以無論是肘還是拳都很難進攻我方。（圖126）

對方膝蓋這個位置會被我方肘法阻擋，並且這個部

圖126

位很容易近身產生抱摔的可能。

〈2〉如果我方始終在對峙過程中低於對方的角度，則每一次出手都會讓對方無法抵擋。

特別是用鑽拳小臂擊打的動作，每次蹬腿衝擊都是從斜下 45° 左右進攻對方。對方是個三角形的站立形態，立刻會站立不穩。

圖127

〈3〉當我方主動進攻的時候，結合橫拳的左右佔位，加上鑽拳的豎直角度，進攻會非常隱蔽。

可以嘗試格鬥抱架，低頭越過自己的手觀察下方時，會發現這樣做非常彆扭，人的習慣還是豎直向前觀察。（圖127）

我方直挺挺地進攻對方，會被迎擊或者格擋。然而由於鑽拳的習慣，讓我方在對方肘下，這樣令對方的觀察有障礙。而伴隨著左右佔位下潛，每個鑽拳身法進攻的動作都是下方，在對方難以觀察的角度很容易斜向 45° 打擊並近身，而對方的視線還在觀察我方身體的移動，試圖鎖定我方。（圖128）

這樣的一個角度與劈拳一樣超出了手腕與肘的長方

圖128

形，不同之處是一個在上方一個在下方，這都是古人的深刻智慧在冷兵器搏鬥中提煉出來的勢能對抗。

5.5
槍術中勢能的對抗

在槍術中，中平槍最難防禦，因為我們正常持槍的防守面是黃色的箭頭。對方的中平槍直接扎向我方持槍的手部，即格擋的圓心。我方很難由手臂的下劈進行防守，反而易被刺中手腕導致槍掉落。（圖129）

當對方持中平槍的時候，我方可選擇很多防禦姿勢，如滴水式和毒龍式等。

例如《手臂錄》中描寫的鐵牛、地蛇等姿勢，就是在對方中平槍指著我方時，我方立刻下蹲或者降低高度，持槍擺好防守姿勢，等待對方進攻。

圖129

　　對方本來佔優勢，中平槍指向我方格擋圓心。隨著我方下蹲，對方的優勢喪失，這是姿勢之間的爭鬥與角度的突破。（圖130）

　　從這個思維再去看《手臂錄》《紀效新書》，之所以有這麼多的槍式與刀式，就是為了由自身位置的變化克制對方的進攻。改變對方很難，但是改變自己很簡單。

　　當對方直刺的時候，我方運用自己的勢能改變，迎著對方的直刺斜向 45°刺擊。這是鑽拳的角度核心，槍法也同此理。

　　從槍法延伸出來的拳法用於現代博擊會有很多細節很可能幫助提升我們的武術本身的技藝。

圖130

5.6
鑽拳的防守方法，
單手抱頭與雙手抱頭的區別

當對方出拳時，我方會用鑽拳單手擋在中線附近保護頭部並擇機反擊，而這個動作與雙手抱頭的效果有著顯著的不同，雙手抱頭主要有以下問題。（圖131）

圖131

〈1〉肋下和後肋容易暴露，被對方打擊勾拳擊中肋骨或者腎部而造成嚴重傷害。

〈2〉在對方進攻拳法密集的情況下，雙手抱頭難以用拳法反擊。

因為相當於進攻方一個拳頭控制住了我方的兩隻手，對方始終可以由一隻手進攻繼續用另一隻手牽制我方的兩隻手，這種死循環難於破解。

而我方用雙手抱頭的體會是，心理上的安全感更好，一旦落手反擊，反而擔心漏出面部被對方打擊空檔，

所以越抱頭越不敢鬆開。

因此，現代技術要求在雙手抱頭的前提下依然可以訓練下潛和左右閃躲，這其實也是在自己的雙手無法反擊的情況下身體移動的思維，與形意拳並沒有不同。

問題是雙手抱頭防護，對方的重心是平衡的。我方由下潛閃避，很容易被對方的攻擊打斷而造成重心不穩，所以我方處在被動狀態。

在對方進攻我方頭部時，抱頭防守然後踢腿是一種解決方法。但是前提是對方針對上面的進攻不會牽扯重心，一旦我方重心被對方打動而忙於維持自身平衡的時候，很難有效地踢擊對方。（圖132）

圖132

因此如果拳手研究形意拳的攻防方法，可能會在比賽中打出完全不同於國外風格的技術。（圖133）

鑽拳單手抱頭防護的技術是，前手手臂放在中線上，後手拳頭放在下頜，也位於中線之上。在中線上的拳

圖133

圖134

法不懼對手的直拳、勾拳的進攻，對手的左右擺拳，我方只需身體微微移動就可以閃開。（圖134）

由於我方手臂與兩肩形成三角形，手臂恰巧在三角形頂點上，所以很容易把對方的力量引向兩側，一隻手防護無憂，用另一隻手還擊。（圖135）

這種滾動的方式，很容易在接觸瞬間讓對方反應不及，被我方近身。

鑽拳單臂防守在大概率上要優於雙臂抱頭，可以讓夥伴用單拳進攻，慢慢適應這種防護方式，一步步過渡到實戰。

在對方雙手交替出拳的情況下，我們可以兩手鑽拳護頭格擋對方的拳擊。

圖135

　　理論上的依據是，對方進攻需要一隻手臂的距離，而我方格擋只需要微微橫移5cm左右，時間足夠我方判斷及處理對方拳頭。

　　真實的格鬥往往是我方單臂躲開對方拳頭，隨即馬上用肘部衝擊對手，不要等待對方下一輪進攻。

5.7
鑽拳單人練習方法

1 · 配合動力定型，發力歸中的練習方法

　　為了養成中線出拳的習慣，可以按照站樁三體式的姿勢把手肘掩到中線上。或者採取格鬥的姿勢，兩隻手肘

向裡抱，掩護住我方中線。一個拗步的姿勢，拗步的姿勢多見於「十二形」的訓練中，可以認為形意拳的五行拳是練習前手前腿在前的格鬥狀態。（圖136）

　　這種練習方法非常簡單，從站姿開始養成「兩肘在中線」的習慣。按照現代站姿，後手貼肋，中線一定會漏出，而中線鼻梁距對方的拳更近。沒有一種站姿是沒有漏洞的，只要有正確的應對方法就好。

　　我方漏出的部位有肘前置和腰身橫轉，不懼遠距離的踢擊。對方用勾拳擊打肋骨的時候對方需要大距離移動，我方正好利用機會迎擊。

圖136

2 . 鑽拳發力訓練：
對方全力支撐，遠距打破對方重心

　　對方雙手環握鎖死結構，我方用鑽拳打動對方體重，養成實戰中打破對方間架及重心的習慣。（圖137）

圖137

　　通常建議10個動作為一組，雙方交替訓練，每個人做4～5組即可。

　　對方全力阻擋，我方發一半力壓迫對方重心。此時對方會前頂，我方撤勁改變對方方向，用前手、後手交替打擊對方身體。

圖138

（1）向下改變對方重心。（圖138）

圖139

（2）向上改變對方重心。（圖139）

圖140

（3）右轉改變對方重心。（圖140）

（4）左轉改變對方重心，
同時肘封打對方後手。（圖
141）

圖141

養成此習慣，在實際格鬥過程中非常重要，不要與
對方進行簡單的體重頂抗，把對方打遠的時候我方也需要
耗費能量追擊。如果我方壓迫對方重心誘導其前頂，微微
撤勁改變對方方向，再施加重擊則是快速且省力的良策。

對方慢慢給我方緩力試探進攻，我方由向上向下向
左向右越過對方的防守抱架，在破壞重心的前提下打擊對
方。

建議1分鐘一組，雙方配合訓練30分鐘左右，養成遇
到對方力量變化，我方作出相應調整的習慣。

如果對方拳頭指向我方，則我方用鑽拳，養成不落
手配合身體打擊的習慣。（圖142）

讓對方的拳頭指向我方，產生威脅感，我方用鑽拳
自下而上打擊。因為有對方的拳頭指向自己，所以一落手
就會感覺到威脅。

建議將2分鐘的動作作為一組，練4～5組，因為鑽拳
不同於勾拳，所以本項練習相對地累一些。

圖142

崩 拳

在崩拳訓練中迎來了形意拳中的第1個步伐訓練——
趟步。

拳譜說崩拳似箭，具備兩種屬性，即如箭射物體一
樣穿透和連珠射出而出手不回，其意象在形意拳中比較重
要且具有代表性。

6.1
崩拳發力的理論

拳譜中說崩拳一氣之伸縮，形意拳中如何體現這個
伸縮的概念？仍以發力作為首要的研討方式。

很多武友以為崩拳的發力就是兩手交換，從腰間打
擊到面前。而在實際的搏擊或者推手過程中會發現這種方
法無用，一是沒有力量；二是對方稍微加以阻隔就發不出
力量。

所以，從劈拳開始到鑽拳崩拳，尚雲祥這一脈的形

圖143

意拳練習方法非常反對手臂屈伸的發力。（圖143）

尚雲祥身高不到1.6m，拜師李存義時李先生不收，認為他又矮又小，練不出實戰的功夫。

尚先生的身高臂展也決定了他無法由手臂屈伸，碰觸到1.7～1.8m 左右的對方，逼著其硬生生地強化身體位移，重心拋放；同時更加注重發力的角度，能夠克服身高體重不如對方的不足。

例如，如果讓對方給我方施加阻力，不讓我方發出力量，我方需要充分地利用身體勢能發力。

為了發出力量，我方體經歷了身體後撤、下沉、左右轉腰、上步這四個步驟，自身的體重在其中畫出了一條圓形的弧線。真正用的是體重發力，而非單純的手臂與腿的力量。（圖144）

這是拳譜中所謂崩拳如舟行浪頭的解釋，並非一般人以為的手臂運動。崩拳主要是發前後力，除了上下運動，重心更多的是在前後方向配合步伐前衝。因此拳譜中

圖144

形象地描述為「一氣之伸縮」，這裡的氣指的是重心。

　　練功的時候是用比較難的動作開發我們的身體極限，經常讓身體多鼓盪，慢慢地肩關節和髖關節的活動量會越來越大。這種大的容量可以輕鬆地化解對方的力量，發力的時候也會起到增加力量的作用。所以練功是為實戰準備的，而實戰並不需要十分標準的動作。

　　練功以實戰為目的，最大程度地開發人體體能，應用的時候要學會變通。健身先健腦，這是非常正確的，理論目的要清晰。

6.2
崩拳的發力方式決定打擊部位的不同

圖145

崩拳號稱有「挑打崩拳」與「壓打崩拳」，用的部位是小臂的側面，而非正面。

人的小臂大概可以分為四個稜，即外側、內側、左側、右側。（圖145）

崩拳更多地使用左側與右側的部位接觸對方，用槓桿的原理打擊對方。

小臂接觸對方之後，上下方向就是如下兩種情況。

〈1〉小臂外側接觸對方，這個時候可以用壓打崩拳。

〈2〉如果是挑打崩拳，則相反。對方的小臂力量壓

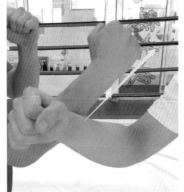

圖146

在我方小臂內側，我方微微沉肘調整角度，在上下方向不
受力的前提下可以很方便地打擊進去。

打擊到對方後對方還有另外一隻手還擊，而崩拳就
是透過變化前手令對方的後手也打不出來。所以崩拳屬
木，曲折纏繞的意思。（圖146）

6.3
纏繞雙手：打1不打2，突破組合拳的概念

現代格鬥體系中有組合拳，以前手和後手直拳進攻
為例。（圖147）

圖147

大部分有搏擊經驗的武友在日常練習的過程中都能
夠利用前拳與後拳之間的時間差完成閃避、下潛、格擋等
動作。（圖148）

圖148

圖149

　　我方拍開對方前手，迅速把肘頂進去貼近對方身體，對方的後手就打不出來了。

　　如果對方後撤，我方沒有用肘封住其後手，微微立肘也可以擋住對方打來的後手。（圖149）

　　對方用左右擺拳進攻，我方右手防守。配合近身前手小臂撞擊對方面部，中斷對方後手出拳。而對方的重心也被我方衝起，所有後續攻擊都起不到作用，也就沒有了組合拳。

　　如果形成了這種風格，實戰中無論對方使用輕拳或重拳，伸手就被我方格擋衝擊進來，破壞掉所有的距離感。

近身之後我方還用接觸的肘和手調整對方的重心，令其一直恢復不到被擊打前的重心穩定狀態。

傳統武術要求打1不打2，就是在對方進攻我方的同時，我方必須打擊回去。用一拍的節奏，而先防守後反擊則是兩拍。其實這種動作相當容易完成，只不過我們平時沒有這樣的意識。

近身後的重心控制需要長期的形意拳訓練，如推手和詠春拳所謂的黐手動作。很多武友認為傳統武術的訓練效率低下是基於現代格鬥思維來說的，傳統思維根本不是按照現代方式打擊的。

遠距離的重心衝撞很容易速成，只要對方一動，我方就能夠打斷其後續進攻，這在形意拳八字功中叫作「截」。

李小龍的截拳道其實也是打斷對方的節奏，這種打斷是以實實在在的技術做到的。

6.4
一手封閉兩手

很多武友面臨的困難是對方拳速連貫性太好，打得我方睜不開眼睛。現代格鬥體系需要花費很多時間練習組合拳的連貫性，在速度上這一點與互不干涉對方重心的打擊方法分不開。既然雙方都是遠程進攻，重心都穩定，自

圖150

然出拳頻率越高的一方越容易獲得點數與打擊機會。但是出拳頻率越高，越容易消耗體能，而且重擊越少，因為重擊需要積蓄能量。

現代格鬥體系的解決辦法是大量體能訓練，使運動員身體素質更加優秀。組合拳通常都是輕重結合來解決重擊的問題。現代的打擊風格在發力邏輯中做到了最好，但是如果參考形意拳的思維，可能會更加節省運動員的體能。（圖150）

形意拳兩手始終在中線的前提下，前手後手一直維持三角形指向對方。只要我方的手臂在三角形頂點，很容易經由三角形的兩個斜邊封住對方的雙手，令對方不能出拳。（圖151）

只要我們打出的手不收回來，就有很大概率可以擋住對方的後手。

現代格鬥體系中的進攻方式在很多時候利用對方的心理，也有意念的成分在其中。例如，對方抱頭防禦，我方組合拳快速進攻頭部的目的是利用對方短暫不敢落手的心理，抓住一兩個機會攻擊其肋骨。如果對方放下手肘防

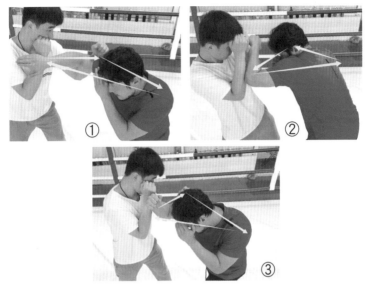

圖151

護肋腹，我方繼續擊打他的頭部，因為這個時候其面部會有漏洞。

　　而形意拳小臂撞擊對方雙臂的行為是在對方重心後仰失重的時候打擊其肋骨，令對方在重心不穩定的前提下很難反擊。

　　任何打擊方式拼的都是概率，在大概率成立的前提下就是合理的技術，形意拳衝撞重心的思維很合理。

　　很多武友會說現代拳擊也有這樣用一條小臂橫起來，封擋對方雙手令對方出拳困難的搏擊方式。（圖152）

　　傳統武術的封擋方式，在擋住對方雙手的同時用肘進攻對方重心，從邏輯上來說更加安全。

　　這種以一手控制對方兩手的關鍵，不僅僅是控制手

圖152

臂，更重要的是由封閉雙手的同時控制重心。這樣對方不僅僅無法出拳，站都站不穩。

形意拳的混圓樁和三體式都是練習貼近對方，並且封閉對方兩臂和重心的方法。詠春拳叫作「膀手」，形意拳叫作「蛇形」。

6.5
左右與前後距離的重要性對比

實際現代搏擊中需要的距離分為兩種，即前後距離和左右距離。當然向下的閃躲在實戰中也需要，僅作為以上兩種距離的輔助。

前後距離的重要性在邏輯上實際弱於左右距離，舉一個前手直拳的例子。

當對方打一個前手直拳，其的發力與做功距離是從

肩膀到小臂，至少1m。但被打擊的一方只要微微偏頭大概5cm，或者腳步移動5cm，對方1m的做功都會化為烏有。

因此在訓練中，左右位移的重要性要強於前後位移。

實際所有傳統的武術都是運用固定腳步盡量減少前後位移的前提下進行左右位移的。

太極拳打了多個套路還幾乎在原地，即使以走轉為主的八卦掌也是左右撑著身子慢慢移動。

形意拳注重前後移動，但按照現代搏擊的觀念也是非常緩慢地移動，更多的要求是身法左右輾轉。

如果觀看梅威瑟 vs 嘴炮康納的比賽，可發現雙方幾乎沒有快速地前後移動，而是一直在左右位移尋找機會，左右位移才能夠在盡量保存自身能力的前提下破解掉對方的進攻。

雖然形意拳的崩拳主要練習前後方向打擊，但也符合上下方向的起伏。

6.6
趟步的步伐前後加身法上下運動模式

假如對方持著木棍指向我方模擬進攻延長線，我方做崩拳的動作，身體的上下運轉本身附帶有閃躲的功能。（圖153）

圖153

　　身體一起一伏才符合古代拳譜所言，也符合實戰的
要求，而進前腿同時跟後腿的步伐與現代拳擊中的啟動步
相同。

　　人是一個三角形的樣子，如果只是邁前步，只不過
是把蹬腿的力量利用慣性打擊到對方身上；如果跟上後
步，容易把整個三角形的體重壓迫到對方身上。

　　拳擊的啟動步就是進行這種專項練習，而形意拳的
趟步不僅符合啟動步的要求，還包含了上下的躲閃。

6.7
冷兵器刀法中的壓打與挑打

崩拳的壓打和挑打在冷
兵器中的應用非常廣泛,以
刀法為例講解槓桿的作用。

形意拳的兵器實戰也是
維持結構的實戰方式,例
如,當我方持刀面向對方的
時候,前手持刀的動作也與
三體式一樣具備各個三角
形。(圖154)

圖154

當我方刀在對方刀上方時,對方前刺,我方可以用
這個三角形的角度壓著對方的刀進去殺傷對方。其中的壓
打就是一個槓桿的例子,對方前刺我方俯身,用身體的力
量由接觸點改變對方刀的指向,同時刀尖自然指向對方面
部。全程非常省力,而且迎著對方的刀進攻造成了時間
差。(圖155)

圖155

圖156

　　形意拳刀法的核心奧秘也是刀不動，避免手臂屈伸。古代戰場刀再輕也有三四斤，手臂屈伸砍中鎧甲再抬起來進行下一次攻擊，撐不了幾下就沒有力氣了。

　　當我方刀在對方下方時，對方刀落下前刺，我方可以迎著對方的刀挑扎進去。（圖156）

　　無論是形意拳的冷兵器格鬥還是赤手空拳的格鬥，都是在保持結構的前提下進攻的，所以站樁是非常重要的。

　　從空手練功到兵器格鬥，形意拳是一個完整的訓練

體系。各種方法調動人的體重，由接觸點利用槓桿原理壓迫對方。如果從開始就站樁錯誤，則無法想像之後如何正確學習五行拳、十二形和刀法槍法劍法。

更多的形意拳愛好者十幾年練不出所謂的整勁來，徒勞耗費時間，所以形意拳形成正確的理論體系勢在必行！

趟步是崩拳中很好的步伐練習方式，具有很好的腰腿訓練價值。它相當於一直在用單腿進行蛙跳的訓練，對於爆發力、耐力、心肺的鍛鍊相當強。

本門前輩尚雲祥先生曾經在崩拳趟步上下過大工夫，據說他在向李存義先生學的時候崩拳15里地打過去向師父學拳，再打15里地回來，超強的實戰能力與刻苦的鍛鍊方式不可分離。

崩拳的大致練習方法如下。（圖157）

①　　　　　②　　　　　③

圖157

〈1〉兩腳一前一後，前腳腳跟靠住後腳腳跟，兩腳呈現 45°的夾角。面對操場或者開闊的地方，進前步跟後步，盡量保證自己的重心在後腿。

〈2〉隨著前進邁步，重心下落呈現半蹲的姿勢，這時候重心在兩腿中間。

〈3〉跟後腳，重心繼續恢復到後腿。

透過趟步重心下降強化腰腿力量，同時兼具上下潛的能力。

趟步這個動作談不上對錯，它是隨著身體重心的逐漸降低逐漸接近正確的。

而且這個動作只要膝蓋不橫向移動，進行前後方向的移動即可，完全不會傷及膝蓋，可以每天堅持訓練。

建議每兩天趟步30分鐘～1小時，對於身體鍛鍊相當有用。

7 炮拳

7.1
炮拳的後手前置思維

形意拳中用於基礎訓練的拳法主要是劈、鑽、崩三拳，而到了炮拳、橫拳更多的是打法訓練，培養出形意拳要求的實戰意識。

炮拳從形態上來看，更接近我們現代拍擋反擊的一瞬間，即後手前置格擋，用前手攻擊對方。其實更多的是

圖158

強調用後手防禦，騰出距對方更近的前手攻擊。（圖158）

普通人習慣用前手格擋，因為離對方進攻手最近，可以安全地把攻擊阻擋在外圍，特別是心理上感覺很安全。但是用前手阻擋反擊的時候，後手進攻對方通常會有防備。

炮拳的訓練是反常規的，練拳過程中讓後手前置防護對方進攻，同時用距離對方近的前手進攻，這樣對方通常難以防護。（圖159）

圖159

我們平時可以按照炮拳的指導思想，多把後手前置進行實戰訓練，會有意想不到的效果。

訓練方式的設計通常是把一個人逼到極限，就是強迫不可以用前手防守，硬逼其練出這個動作。

因為訓練的科學刻苦，所以才能產生不同他人的結

果。如果開始練習錯誤，如何得來功夫？

很多武友以為老前輩缺乏實戰經驗，完全是錯誤的。郭雲深當年打遍黃河兩岸，帶出來了相當多的後輩名家，李存義、張占魁、尚雲祥、孫祿堂都受過其指點。

據韓瑜師父講當時很多人跟著郭雲深在一個小縣城訓練，幾年苦練之後這些人來到京津，名震一方。

7.2
炮拳的發力意識

炮拳的發力與劈拳、鑽拳、崩拳的思維不同，後者的發力假設都是穿透對方的抵抗，讓身體產生更多的運動。

而炮拳的思維是當對方抵抗的力量過大，我方前手撐不住，不得已用後手擊打的時候如何處理。

例如，當我方進攻，對方格擋力量太大，而不得不用後手攻擊的時候，前手不可以隨便撤回。如果撤回前手，對方的體重會壓迫我方重心令我方站立不穩，全盤被動。（圖160）

圖160

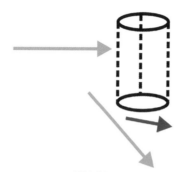

圖161

圖162

　　這個時候炮拳的訓練重點就為前手不可以回撤，微微滾動把對方的力量滾動出去，其原理如圖161所示。

　　手臂是一個圓柱體，當對方力量過大的時候，我們微微旋轉角度就可以把對方力量引向一側。而此時對方會處於前傾失重狀態，打擊後手拳的成功概率會很高。

　　這樣的發力訓練要求對方抵擋住我方的前手，並微微用力壓迫我方重心。（圖162）

　　我方旋轉手臂引開對方的力量打擊後手拳。（圖163）

　　炮拳訓練中體現更多的是前手控制重心，旋轉令對方前傾，我方擊打，而非雙方都在重心平衡狀態下的後手擊打，控制的作用相當大。

圖163

🏠 7.3
炮拳的前手控制與縮短時間差

　　由於我們習慣了在前手不回控制對方重心的前提下打擊後手拳，所以打鬥方式也發生了很大的變化。

　　以現代左右直拳為例，左右兩拳同時打擊到一個點位。（圖164）

　　在現代格鬥體系中左拳擊中，右拳擊出，盡量縮短時間差。因為時間差容易被對方躲閃，並且反擊。（圖165）

圖164

圖165

　　傳統體系是左小臂擊中對方手臂，利用對方向前的抵抗力，左小臂旋轉改變對方力量指向，把對方調整到側對我方，在後手進行這個打擊過程中對方會前傾。（圖166）

圖166

在整個過程中，對方的重心始終處於我方的控制狀態中。《逝去的武林》中形象地把這種控制的打擊方法稱為「大人打小孩」，大人打小孩屁股時一隻手摁著一隻手打，即為在控制的前提下擊打。

7.4
炮拳的單人練習法

炮拳的單人練習法比較簡單，就是讓持靶者頂著我方前手，我方從各個方向化解開對方的來力，同時用後手擊打對方，並養成習慣。（圖167）

通常建議每分鐘一組，雙方交替做4～6組即可。

圖167

　　由於有對方的阻擋，我方前手肩膀受到的壓力相當
大，不可能像空擊打靶一樣練很長時間。

　　形意拳的核心還是必須在有對方阻力的前提下訓
練。

站　椿

形意拳中最重要的訓練步驟是站椿，它是一個系統工程。

把老前輩所有實戰邏輯都放在了站椿中，它是訓練體系的高度濃縮統一，相當細緻。

8.1
站椿的思維：做減法

任何學問都是一個體系，必須要有科學的學習脈絡。內家拳法翻來覆去地練習一個目標，例如，陳氏太極拳來來回回衝著纏絲練習；八卦掌的所有套路動作都是為了擰裹鑽翻訓練的；形意拳所有的動作都是為了起鑽落翻安排的。

因此，追求招數的練習很難掌握核心動作，必須透過動作單練才能掌握最核心的勁路，而勁路對了，練任何招法都是對的。

表1

　　形意拳分為靜態訓練與動態訓練，也就是站樁與打拳。（表1）

　　混圓樁按照順序練習三體式、劈拳、鑽拳、崩拳、炮拳、橫拳等，這些內容是平行的，相互之間沒有關係。

　　形意拳的三回九轉是一式，古人講：「拳無拳，意無意，無意之中是真意！」

　　只有練出起鑽落翻才具備了形意拳的核心，混圓樁、三體式、五行拳的訓練都是圍繞它進行的。

　　劈、鑽、崩和炮拳都是一個發力模式下產生的動作，只不過側重方向不同，劈拳側重上下；鑽拳側重左右；崩拳側重前後；炮拳側重斜45°。

　　無論太極纏絲、八卦擰裹、形意起鑽落翻，最終都是讓身體具備上下左右前後三種力量的複合，形成漩渦的狀態才能把對方的勁路絞殺於無形。

　　因此看上去雖然基本動作是劈鑽崩三拳，但是實際上由其中任意一個練出勁路，其他拳種都可以統統領悟。（表2）

　　在我們這派的形意拳訓練體系中，主要是以兩個樁法為主，即混圓樁與三體式，然後以鑽拳為主訓練出勁路，自然通達五行拳的其他動作。

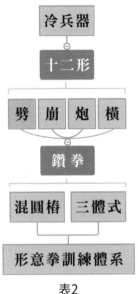

表2

　武術的訓練一定是做減法，才能應付順序萬變的實戰情況。

　《道德經》中說：「為學日益，為道日損。」古人很高明。

8.2
尚雲祥鑽拳開拳的奧秘

　如前所述，劈拳大部分是從對方長方形上方斜 45° 擊打的，因此對於身高臂長的人特別有用。劉奇蘭、李存義及薛顛等前輩身高臂展長的善用劈拳，形容劈拳如大刀劈

白菜，下劈就能打贏大部分人。

尚雲祥矮小且臂短，只能練習從下往上的打擊方式，因此他以翻浪勁著稱，反而以短克長。

個子高的人善用的技法，個子矮的人一定不適用；個子矮的人善用的技法，個子高的人學了很有用。個子高的人敢於放棄自己的長處，訓練近身等短板，結合之前的經驗一定會出眾。

尚雲祥先生教出的高手很多，是由其細緻的技術思維決定的，精益求精，克服自己的弱點成為一代高手。

把形意拳比喻成大樹，實戰、養生、抻筋拔骨、氣息運行、推手、勁路變化、槓桿延長、支點撬動等都是這棵樹上的果實，針對這些果實練習永遠練不出來。

真正修煉的方式是要把樹根種下，自然長出軀幹。日久天長伴隨澆水施肥，果實自然長出。

而站樁就是種樹根的過程，它把發力等內容形成標準。訓練者隨之苦練，自發產生形意拳需要的技擊素質。

形意拳的理論就是如此清晰，所以在過去培養眾多高手可以說只要練就能產生有效的訓練方式。

8.3
苦練站樁能夠獲得什麼？

現代社會中冷兵器格鬥思維的武術，已經失去了生

存空間，很多影視作品的歪曲解讀也令其公信力大打折扣。

　　武術是文化，雖然很多人不以此為生，看不到好處，但是不可以看著其滅亡。

　　基本功，如站樁就是一個枯燥疲憊的訓練過程，每天的抻筋拔骨痛苦非常。但是基本功是所有拳術的基石，沒有好的基本功談不上向上發展。

　　練習武術是一場苦修，李小龍曾經說武術是自找苦吃的過程。現代社會光怪陸離，誘惑很多，藉由武術的修行讓人們靜下心來明確自己的定位，未嘗不是一件好事。

　　把練功作為一種苦修才能堅持下去。

　　想像練武功與修禪、香道、茶道、釣魚等是健康積極的生活方式，或許我們的收益更多。至少在苦修過程中我們能夠得到健康的身體和吃苦耐勞的毅力。

　　虛其心實其腹，本身武術就是紅塵修行的一種方式。

8.4
混圓樁開放性站姿與三體式封閉性站姿

　　形意拳的傳統格鬥姿勢分為混圓樁和三體式，分別對應不同的搏擊理念。

圖168

（1）搏擊站架的近代進化

在二十世紀八九十年代拳擊教學還都是開放性的站姿，即兩手平均分配在下頜兩側中線敞開的姿勢。

隨著後來技術變化，逐漸出現了前手在鼻尖前方，保護住中線的封閉式站姿。（圖168）

封閉式站姿有優勢，因為用直拳打擊的時候，通常落點都呈現三角形對著鼻尖。我方前手或者後手放在鼻尖上，可以阻擋住前手、後手直拳對於鼻尖的打擊，防守更加嚴密，這些技術變化是近二三十年出現的。

（2）形意拳創拳之初的封閉與開放式站姿

早在300多年前形意拳創拳之初，就確定了兩種站姿，即混圓椿與三體式，它們分別對應著封閉式與開放式站姿。

混圓椿平行站立，更接近身後，雙手接觸到敵人的狀態；而三體式單手在前，更接近遠程封閉自身中線，防

守的動作。

很多傳統武術都有這樣的站姿要求，如詠春拳。二字鉗羊馬是雙腿平行的站姿，進馬則完全採用雙手在中線掩護的封閉式站姿。李小龍創立截拳道後，就直接汲取了封閉式站姿的營養。

在冷兵器戰鬥思維中混圓樁更適用於雙手持刀的格鬥方式；三體式更適用手持槍的格鬥方式，這兩種站姿都要求護好中線。

（3）李小龍站在詠春前輩肩膀上的創新

李小龍汲取傳統詠春部分技術，在1964年創立截拳道封閉式站姿，其中的很多功夫細節在國外備受追捧。李小龍的思維也很清晰，即遠程踢打、近身黐手破開對方防禦，輔助摔拿等手法接近現代MMA思維。

現代人會推手和黐手，但是一旦實戰完全用不上，主要原因是沒有採用掩護中線的封閉式站姿。（圖169）

圖169

用封閉式站姿時，對方的擊打沿著中線，其直拳和勾拳總會跟我方的手臂接觸。擺拳不需要考慮，由於弧度大，所以會有更多接觸的機會，黐手推手都能用上。

我們走的路與王薌齋先生廢棄拳法套路，鄭曼青先生力學解析太極，以及李小龍結合詠春重新詮釋格鬥本質上沒有什麼區別。

李小龍與阿里等優秀運動員處於同一時代，其格鬥思維被當時的高手廣泛認同。一個格鬥體系是否合理，從理念邏輯上就能看出來。李小龍的格鬥思維明顯非常合理且超前，所以被阿里和泰森交口稱讚，包括眾多UFC冠軍也都認為李小龍是其偶像。

王薌齋先生曾經說：「我的拳能夠長久流傳下去，因為講理。」李小龍為什麼至今還受巔峰運動員追捧？因為其格鬥理論講理。

8.5
為何一定要掩護住中線？

臂展長的武友通常來說身高要高，很容易用前手的刺拳遠程控制距離打擊臂展短的武友。我們經常在拳擊比賽中能夠看到臂展短的武友，如果技術不是特別好，在貼近過程中會受到很多次擊打。眉弓開裂且鼻梁骨折，從而對自身的耐力、呼吸、體能產生很大影響。

　　例如，k1名將希臘小光頭的技術非常好，但是在與播求或摩挲斗等高手對抗的時候由於臂展不足，所以貼近對方之前都挨了好多重拳，其中最容易受到打擊的自然是鼻梁和下頜。

　　如果身矮臂展短的拳手也採取開放性站姿，那麼臂展長的拳手隨時可以擊打到其鼻梁和下頜，因此臂展短的拳手掩護住中線是非常必要的。

　　臂展長的拳手依然需要掩護住自己的中線，人的潛意識中害怕鼻梁被打中。如果開放中線，會被對方用組合拳誘導擊打。

　　例如，前後手直拳進攻就是一個例子。無論臂展長短，對方用前手拳試探打擊鼻梁，我方必然要掩住鼻梁防止被打中，這是人類的自然反應，對方第2個後手拳可以從容地從側面進攻。（圖170）

　　伴隨著中線的打開，對方會屢次用前手直拳封閉我方視線。在我方視線被前手遮擋的時候對方步伐變換角度或者偷步靠近，我方都不容易反應過來。因此如果中線開放，容易被對方利用人的自然反應帶著節奏擊打。

　　封閉住中線並利用手臂接觸控制對方重心，推手的技術為個子矮小的拳手控制個子高的拳手提供了很大的可能性。

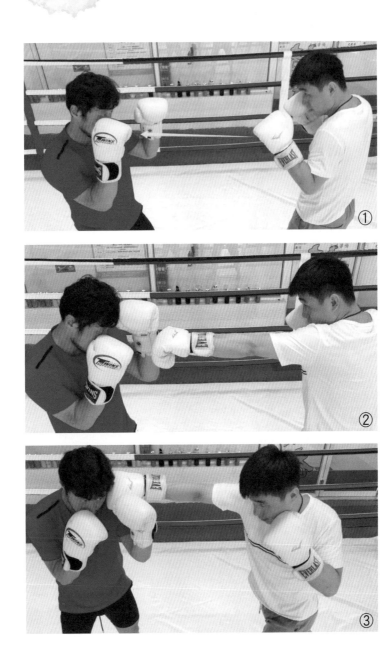

圖170

8.6
為何一定要站樁？

如前所述，形意拳的發力方式與現代格鬥不同，把對方體重調動的打擊方式，只有透過站樁才能形成正確結構。

人的兩肩和兩胯可以看成四個空隙，由混圓樁和三體式的訓練可以把這四個空隙空開。

空開這四個空隙後，人的軀幹如同一個球，頭與尾閭的脊柱相當於一條繩子。所謂的發力就是在脊柱兩頭牽線的前提下用軀幹這個球狀物旋轉，由各個方向打擊對方。（圖171）

與對方接觸之後，對方給我方施加力量的時候這四個空隙如同滑輪一樣，把對方的力量引化開指向大地，讓

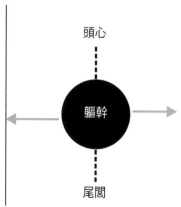

圖171

對方的力量作用不到我方身上。這也是實戰中接觸後改變對方抵抗力量，讓對方失重的先決條件。

盧氏結構的創始人盧宗仁老先生說：「練拳要來力不入，去力無阻。周身彈簧，犯者立撲。」

當我方站樁獲得了這四個空隙，俗稱「開肩胯」後，對方的力量經過四個滑輪引化，自然無法作用到我方重心。實現這個效果，對方的力量如石沉大海，我方蹬腿發力就將對方擊打出去，因此可以稱作「周身彈簧，犯者立撲」。

檢驗開肩開胯的標準，一定是當對方向我方施加力量的時候，依然可以運轉肩胯化解對方的力量。

很多錯誤的開肩功法都是各種圓形的甩手臂，只要圓形的運動，遇到對方的阻力就會被卡住。這一瞬間我方是僵硬的，無法克服對方的阻力。（圖172）

圖172

　　橫向甩動手臂也是這樣的原理，徒勞時間與精力。

　　任何的開肩胯狀態指的都是在受力情況下，如站樁。

　　平時端著自己的手臂，克服大地對於手臂的引力，微調軀幹緩衝酸痛不適。實戰中對方給我方施加的力量，也會導致我方肩部酸而不舒服。此時依然可以用站樁中的微動，靈活地轉動軀幹克服對方阻力。

　　開肩只有端著手臂，手臂向前，肩膀向後遠離才會拉伸肩部骨骼。開胯必然也是，腰與胯的反相向拉伸才能夠起到開胯的目的。

　　簡單抖胯不足以開胯，老師的動作通常是反向拉伸。沒有注意到的地方才是核心，做錯達不到訓練效果；另外，開肩胯與開韌帶不同。開肩胯的目的是拉開肩關節和髖關節形成空隙，受力時能化力形成省力滑輪；發力時關節能夠鎖死減少力量損耗。而拉韌帶只不過是增加肩胯的靈活性，對抗受力狀態下我方需要繼續拉伸，對方不會允許而導致我方受傷。

8.7
需要知道12個手臂發力的整勁

　　當空開了四個間隙後發力不再是單純的手臂與腿了。

圖173

把雙手下垂貼近軀幹，目測自己手臂的橫截面寬度。發現腰至少相當於五六條手臂的寬度。把兩腿併攏與腰比較，兩腿的寬度應該與腰相似。

既然腰腿加起來有12條手臂的寬度，為什麼我們不用腰腿的轉動力量發力，而只用手臂的局部力量？特別是劈拳這個動作，當學會拋放體重發力之後可以發現其力量很大。（圖173）

8.8
練拳中的規矩

武術是對身體的認知，我們為了尊重古譜，對錯需要判斷標準，而練拳中的規矩是一個很好的判斷標準，參考如下論述。

從來散之必有其統，分之必有其合也。故天壤間四面八方，紛紛者必有所屬。千頭萬緒攘攘者自有其源，蓋一本可散為萬殊。

——《九要論》

一舉動，周身俱要輕靈，尤須貫串。氣宜鼓盪，神宜內斂。無使有缺陷處，無使有凹凸處，無使有斷續處。

——《太極拳論》，張三丰版

太極者，無極而生。動靜之機，陰陽之母也。動之則分，靜之則合。無過不及，隨曲就伸。

——《太極拳論》，王宗岳版

古代拳譜中的很多詞語我們不明白，如「氣宜鼓盪，神宜內斂」。但是不妨礙我們能夠感觸到古人想透過這些文言文告訴練功過程中的注意事項，這就是練拳中的規矩。

最終形成內家拳中通用的準則是虛靈頂勁、含胸拔背、沉肩墜肘、鬆腰落胯，能否做到這四個準則成為訓練方式正確與否的判斷標準。

然而道不遠人，人自遠道。很多武友在練習過程中，喜歡追求個人的感覺，而沒有根據拳譜反思自己的動作對否。

在訊息爆炸的時代，武術的理論知識也多了起來。如果缺乏判斷標準，道聽塗說地練，只會距武術真諦越來越遠。

一個武者感覺這裡有氣了，感覺很放鬆，感覺很緊張。這些感覺往往阻礙個人的進步，練功需要依據標準，而不是感覺。這是因為武術是對抗的藝術，個人感覺再美好，與人交手時不一定就是勝者。

經過刻苦訓練，人體機能修煉得更加強大。通常追

求感覺的武友大部分還在手臂和腿的肢體運動模式下，連腰胯整勁都不具備。

1·內家拳不純鬆，講陰陽搭配

對於鬆的錯誤理解最常見於太極拳愛好者，太極拳並不一味講鬆，《陳氏太極拳圖書》中陳鑫前輩明明白白地講道：「純陰無陽是軟手，純陽無陰是硬手。一陰九陽根頭棍，二陰八陽是散手。三陰七陽猶覺硬，四陰六陽顯好手。唯有五陰並五陽，陰陽無偏稱妙手。」

普通人以為的鬆就是開頭第一句「純陰無陽是軟手」。太極拳講究的也是陰陽相繼，陰陽平衡才是妙手，一味地講鬆，陽剛在哪裡？

太極拳的太是大加上一點，極是八方極遠。太極拳不是放鬆的學問，而是無限膨脹和無限擴張。比大還大，比遠還遠。依靠絕對的實力（功力）和良好的控制避實擊虛碾壓對方，而不是一味放鬆。

所以很多時候不出功夫是因為開始理解就錯了，沿著錯誤的訓練方式訓練相當於緣木求魚。

對抗中夠不夠鬆，自己說了不算。

如果我方練功特別鬆，在與對方的接觸上，對方向我方重心用力的時候，為了維持重心穩定而變得僵硬，進退失據。這種練起來鬆，用起來僵硬的方式是不對的。

就站樁而言，只要能夠按照正確的姿勢，站夠一定時間就是鬆了。不夠放鬆就站不了三四十分鐘，放鬆也是適度放鬆。

感覺自己抬著兩個手臂很僵硬，這種僵硬是為了維持結構。站樁本身是一個負重訓練，抬著的手臂大概五六斤。肯定部分肌肉是緊張的，平時訓練透過身體運動緩解酸痛。而對抗的時候對方給我方施加力量，我方也能透過身體的運動化解開對方的力量。所以這就是練著緊，用起來鬆，鬆緊結合是正確的。

2．正確姿勢的重要性大於自身感覺

很多拳友擔心筆者所有的拳理都是圍繞技擊展開的，這樣的功夫是否能夠起到養生作用。

養生中至少有三個核心。

（1）能夠用於實戰的拳法練起來一定能夠養生

形意拳易筋、易骨、洗髓並變化人的氣質，這些一定是苦練才出來的。

強腰固腎必須首先練到腰，否則站得鬆鬆垮垮，自己感覺非常舒服，達不到相應的鍛鍊效果。

符合技擊原則的訓練方式才能夠鍛鍊我們平時鍛鍊不到的腰、脊柱和深層肌肉。

（2）能養生的功夫一定是出汗的

生命在於運動，運動使新陳代謝加快，生理機能旺盛。運動一定伴隨出汗，任何想不出一滴汗的優雅導引就能得到養生效果的宣傳都是誤導大眾。

練功是取其上，得其中；取其中，得其下。輕輕鬆鬆活動，汗都不出就能比他人身體健康？

（3）好身體在於堅持訓練

選擇內家拳鍛鍊的拳友選擇了一個苦修的過程。站形意拳混圓樁能夠堅持40分鐘算合格，40分鐘端著手臂不僅是對體能的考驗，也是對心理耐性的巨大考驗。

三體式站樁號稱「上刑」，在極度的肌肉酸疼中還要堅持動作。這個痛苦的考驗能忍耐下來，是優秀人才，能夠勝任眾多困難工作。

3・三角形原理：你所理解的鬆可能是懈

很多拳友苦苦追求內家拳中的掤勁，也就是所謂支撐力而失敗，是因為缺少了身體中的三角形。

任何內家拳都是由方圓構成的，完全的圓形沒用作用，陳鑫所著的《陳氏太極拳圖說》書中說：「方由圓生，圓由方生，此方圓相通之理。」

鄭曼青所著的《鄭子太極拳十三篇》中說：「此外，圓中包含無數之三角形，隨處可以取積極之攻勢。吾師澄甫，每每告余曰：『發勁須找到一直線，方可發，發時如放箭似的。』是言已窮發勁之能事，唯此直線，其理易明。」

太極拳掤勁其實就是形意拳由站樁，要求訓練出來的間架結構。內家拳都以站樁作為入門基本功，目的就是形成三角形迅速搭建結構。通常三個月左右的混圓樁就足

 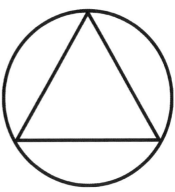

圖174

夠練出掤勁，不需要花費十幾年追求。

　　形意拳站樁中的三角形結構搭建起大大小小的多個三角形，最終整個人體才可以達到圓形結構。（圖174）

　　筆者的叔叔龐恆國老師是內家拳高手，他說：「鬆要學葡萄，拎著頭牽起來，一整串是膨脹的。不要學爛白菜，提著整個菜葉耷拉著。」

　　很多時候人們以為的鬆是懈，真正的鬆也是帶著力量的。所以王薌齋先生說過：「用力不對，不用力更不對」。

　　緊中鬆，適度緊是訓練方法，實戰對抗適度放鬆是結果。

　　鬆著練不開發人體極限，適當緊練才能開發人體極限，不要本末倒置。

4．單雙重的原理

很多拳友以為站樁單重就是重心在單腿，雙重就是重心在兩腿之間。這是錯誤的理解，《太極拳論》中關於單重雙重的講解為：「每見數年純功，不能運化者，雙重之弊未誤耳」。

很多拳友就害怕出現練了幾年工夫與人搭手就沒有作用，因此特別重視單重與雙重的問題，但真正的單雙重不是重心的分配。

孫祿堂先生說：「雖雙重之姿勢，亦不離單重之重心。」

王薌齋先生說：「今之拳家，大都由片面之單重，走向絕對之雙重。更由絕對之雙重，而趨於僵死之途。」意思是，不要把單重當成重心完全放在一條腿上（片面單重走向絕對雙重），也不要以為雙重就是重心在兩腿間平均分配體重（雙重之姿勢亦不離單重之重心），這樣的理解完全是錯誤的。

人的重心可以在雙腿之間流動，當重心能夠隨時變化並在體內流動撞擊對方就是單重的狀態。

我們做一個馬形發放動作，攻守雙方的腳共四個點在地上。這時候雙方分別是兩個三角形，體重互不干涉。（圖175）

當我方控制對方前後的力量後抬起一條腿，地上只有三個接觸點。我方向前邁步，體重就有衝向對方重心的可能性。（圖176）

圖175

圖176

　　當我方前腳站到對方前腳位置，即武術中所謂的奪位，對方就會被發放出去，這是體重打人的例子。

　　雙重與重心無關，重心固定住無法流動就叫作「雙重」。此時無法用體重打擊對方，所以太極拳論中說：「雙重則滯。」

　　單重即體重能夠靈活地在體內流動，可以隨時進攻對方。

　　所以即使是重心五五站樁，只要能夠做到落胯等要求，則體重可以流動擊打到對方，此時也是單重狀態。

　　有支撐力抵抗住對方威脅重心的力量，才能讓體重流動。老前輩的站樁姿勢非常嚴格地把自身結構維持成銳角三角形，以承受對方撞擊。在這個先決條件下，受力之後身體左右上下前後的圓形轉動才能化解開對方的力量，避免僵死達到單重狀態。

5·內家拳的理論清晰比努力重要

　　一個叫作齊公博的前輩天性憨直，悟性不佳，其他的師兄弟一天能學會的拳趟，他學三天也記不全。

　　跟隨孫祿堂學拳的時候，讓他把三體式站了三年，沒有練任何拳趟。就是這三年的站樁苦練，使其與其他師兄弟在學技的時候獨佔鰲頭。

　　筆者自幼跟隨叔父學習形意拳和八卦掌。從高三開始站三體式加上一直到大學畢業，工作後五年總共九年都沒有獲得內家拳所要求的勁路。

　　一個偶然的機會筆者看到日本柔道的教學片中的一個背負投的動作，其中清晰地畫著人體的三角形、垂線、重心。筆者豁然開朗，原來人體結構可以用幾何學的角度描述。於是明白了站樁中的結構，功力開始進步。

6·點與直線的原理

　　老前輩在說某人：「練的是手臂腿的拳，不整。」意思就是這個人只有局部，點的運動。

什麼是點？我們在站樁的時候兩個肘可以看做兩個點。（圖177）

這個時候沒有所謂的掤力，因為假如在兩點之間連接一條直線，人的兩個肘部就像是一根棍子。（圖178）

這樣的棍子一旦搭手，對方向我方施加力量時，我方難以承受上下的力量。

一碰就要位移，更受不了左右的擠壓。兩肘之間是空的，不同於棍子。一旦被擠壓間距就會變小，導致自己無法抵抗，被捆住了手腳。這樣做不到前輩在站樁時候所要求的間架結構，即打不散、推不開、拉不動、壓不住。

這種身體部位隨便擺放的狀態是一味地求鬆訓練，不算樁，形不成體內的三角形結構。

從上下方向看，從耳根到腳底畫一條直線，很多拳友大部分的身體都在這條直線上。

圖177

圖178

　　實戰中對方一定會沿著黃色箭頭給我方施加力量，如果不能夠使身體出現陰陽變化，那麼在站樁的過程中與一根直挺挺的木棍沒有任何區別。即完全受不了來自黃色箭頭的力量，一碰就會失去重心。（圖179）

　　混圓樁是平著站，在黃色箭頭方向上很難受力。站樁的設計就是這樣，平著站要使出前後的力量。

　　三體式是側著站，在左右方向沒有力量。就要求練出左右的勁路，不能讓對方沿著左右把我方重心打破。（圖180）

　　只有按照正確的站樁方法，分開陰陽才能快速出功夫。

　　直挺挺地站樁方法，還容易讓所有的體重壓在膝蓋上，傷害膝關節造成運動損傷，更談不上達到我們想像中落地生根，隨遇平衡的狀態。

　　因此，練功不重視正確訓練邏輯的思維是完全要不

圖179　　　　　　　　圖180

得的。

7・練套路發力越猛，實戰越厲害

我們最容易錯誤理解的就是發力，看很多內家拳的拳友追求剛勁並跺腳發力，美其名曰：「爆發力十足。」甚至拿著形意拳的明勁、暗勁和化勁來詮釋，這樣手足齊到的力量是明勁的要求。

明暗化三個勁見於郭雲深先生論形意拳：「練明勁，是將人身中散亂之內氣，收納於丹田之內。使之不偏不倚，和而不流。動作要上下相隨，手足相顧，內外如一。動轉要和順，而不可乖戾；起落要整齊一致，而不可散亂。」

郭雲深先生只是說明勁指發力的時候要不偏不倚，王薌齋先生所謂的力不出尖，動作要上下協調，運動和順，沒有一點說明勁是發力的意思。

而震腳發力與不可乖戾的理念相違背。入門三害為怒氣、拙力、挺胸提腹，震腳發力正是怒氣加拙力發勁。

發力至少要對著人，空發力不過與自己較勁而已。適當發力會增加美觀性，但是遠離了內家拳的要求。

注意以下兩個原則：

（1）內家拳一定不是直線發力

當雙方搭上手時，在力點與發力點總會存在一條直線。

如果用一根棍子來模擬，則發力都是直向的，即完

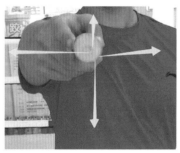

圖181

全的雙方對抗。

內家拳由弧線運動改變棍子的方向，分解對方力量後發直勁擊打。更重要的是上下與左右的力量，分解開對方阻力才能發力進攻。（圖181）

（2）有力與無力不是個人的感覺，要看對方

尚雲祥曾經說形意拳是：「輕鬆和諧中找出迅猛剛實的爆發力。」輕鬆和諧是指自己，柔練和慢練。如拳擊空擊只有速度，遇到沙袋阻力之後自然發出力量，在遇到阻力之前都是很放鬆的。

內家拳的發力也是如此，發力很輕鬆，拋放體重而已。但是接觸對方後，對方感覺到迅猛剛實才是真的。

我方不太費力而令對方感覺到我方的力量巨大，這才是形意拳的秘密。所以《逝去的武林》中多次提到了輕出重收，形意如抓蝦，形意拳的爆發力一樣是柔練的。

八極拳開始也講一練拙力如封魔，二練軟綿封閉播。中華武術都是一樣的，所以太極、形意、八卦號稱「三大內家拳」，都是由柔軟放鬆找到正確的勁，它用於

實戰，推手方能一往無前。

8‧鬆不開發人體極限，緊才開發極限

站椿開肩是負重訓練，平時我們端著自己的手臂。一次站45分鐘，大概需要1〜2個月才能夠克服肌肉酸疼。

前輩稱這個階段為「傻站」。

站椿的各種要求，在這個階段無效，因為身體不聽自己的話。例如，想沉肩墜肘和落胯放鬆，肌肉就會緊張。

因此，這個階段最重要的是盡量在兩個月內站到40分鐘，抗到時間就好了。

鬆是個長期訓練的結果，正確的鬆是指受力情況下的關節依然可以做省力滑輪化解對方的力量。

王薌齋老先生說過：「用力不對，不用力亦不對。」不用力人都站不住，而用大力了10分鐘撐不下來。只要能經常地站混圓椿40分鐘，已經是鬆的結果了。

經常聽到有的拳友講站椿時間越久越好，而且入門先站三年椿。其實並非越久越好，鬆不開發人體的極限，而緊才可以開發人體的極限。

前輩們長時間站椿也是因為在瓶頸期，找不到抻筋拔骨的感覺，所以硬磨時間尋找。

椿跟拳的關係是互相補充互相促進的，內家拳的椿功通常都是高椿，不需要站得很低。因此站椿到了一定程度，會出現無法提高的平台期。而練拳需要在膝蓋不受傷的前提下盡量降低重心，降低高度增加腰腿力量。透過打

拳的訓練強化腰腿力量，在腰腿力量增加的前提下再站樁強化筋骨，站樁會出現不一樣的收穫。

因此，樁功與練拳是螺旋上升，並列前進的，一定不要單純地站樁。

8.9
站樁過渡到實戰的專項訓練

無論是混圓樁還是三體式狀態，我方用體重衝擊對方的習慣可以進行專項訓練。

讓一個夥伴與我方搭檔，雙方手臂相搭。對方微微用力抵抗我方，而我方由接觸點，按照四個方向變化控制對方的重心。（圖182）

圖182

我方下降重心，使重心比對方低，斜向上控制對方重心，然後俯腰比對方高，斜 45° 向下利用體重控制對方重心，通常適用於身高的拳友。

位移到對方側面，沿兩腳垂線從左側控制對方重心。位移到對方右側，沿對方兩腳垂線，從右側控制對方重心。（圖183）

通常建議應用上述方式2～3分鐘一組，訓練四組既

圖183

　　能養成以步伐身法控制對方方向的能力，也能鍛鍊肌肉耐力。

　　要控制對方的重心，必須具備相應的能力。在雙方重心同高的前提下，很容易互相頂撞，力量大的一方能控制另一方的重心。

　　站樁，包括練拳的目的就是以各種方法降低自身重心。

　　只要自身重心比對方低，對方重心自然不穩定從而被我方控制。

　　左右控制，沿著兩腳的垂線利用對方重心不穩定也是這個原理。（圖184）

圖184

8.10

矮個與高個對抗的分析

　　由於站樁及形意拳的練習更多的是用小臂擊打和接觸對方，所以為臂展短的拳友打擊臂展長的對方提供了更

多的可能性。

先天的臂展差距經常使矮個方打擊到高個方，而紅方還碰不到對方的軀幹。（圖185）

因此紅方想要打擊到對方，需要在遠程挨很多拳或者閃避速度非常快，才能衝入內圍重擊對方。

而用訓練混圓樁，即用小臂接觸對方，則會產生控制的可能性。對方打我方面部，我方拍開用小臂頂住能接觸到的位置，如前大臂或者軀幹改變對方重心，對方的後手也無法打擊出來。（圖186）

圖185

圖186

　　一旦接觸，就用我方整體的推動讓對方站不穩，雖然臂展長，但是對方在站不穩的前提下無暇打擊我方。而我方可以靈活地由接觸點把對方調整到側對或者後仰的狀態，便於我方進行優勢打擊。（圖187）

圖187

論武術的未來的發展方向

　　武術經過明清兩個朝代的巨大輝煌走向最高峰，隨著清末熱兵器的出現，鏢局退出歷史舞台。以武術為生的職業消失，更有對抗實戰能力的不再是武術家，而是拳擊、摔跤、散打等職業運動員。

　　因此每每有人質疑傳統武術的實戰能力，筆者都由衷地感覺到可悲。

　　傳統搏擊武術已經沒有了職業隊伍，其理論大部分人也不理解。

　　日本的武術空手道也曾經一度被泰拳等搏擊技術打得懷疑人生，只能自己變化形成日式踢拳，湧現出一批以空手道技術為主的站立式格鬥冠軍，甚至出現了汀田龍太等以空手道流派自居的UFC冠軍。

　　中國武術缺時間，缺包容。給幾代人的時間讓廣大愛好者以包容的觀念研究武術，去偽存真，武術再次興旺不是沒有希望。

　　傳統武術一直式微，目前已經到了需要搶救的境地，不失傳已經很難得，得到發展更難。

　　自然界不存在無用的東西，何況是流傳了千年的武

術。

　　傳統武術的理論體系急需撥亂反正，否則我們這代人將成為歷史的罪人！

　　我們以傳統功夫的善撲營，中國式摔跤為例作為本書的結尾。

　　善撲營建立於清朝繁榮時期，皇帝培養很多大內衛士職業化習武，修煉摔跤及弓馬刀石等實戰技術保護皇帝安全。

　　隨著清朝滅亡，善撲營的專業撲戶流落民間，以打把式賣藝為生，繼續傳播中國跤。

　　流落民間的第一代撲戶由於有專業的訓練背景，所以水準相當高。但是隨著民間傳承，後面學習的跤手除了訓練之外，最大的事情就是討生活。無論從事表演或者其他營生，工作佔據了他們的大部分時間，因此普遍的技術水準推測不如第一代撲戶高。

　　流落民間業餘訓練與善撲營皇家的專業訓練，水準一定有差距，當然極個別優秀的跤手除外。

　　而繼續往下傳播，很多技術也伴隨著失傳，如同傳統武術一樣。但隨著新中國的建立，有了好的轉折。

　　國家大力發展民族體育，成立中國式摔跤專業隊，當時任職的普遍都是民間傳承的摔跤老師，經過規範化的訓練培養出一位又一位的全國冠軍。

　　可以說經過職業訓練的學生水準可能比老師高，但是如果沒有民間傳承的老師，中國式摔跤可能已經走向了滅絕。

　　形成目前的內家拳技術體系，至少經歷了五六個朝代，並在明清達到頂峰。

　　而我們這代人因為內家拳，與現代格鬥的思維不同，就認為它是垃圾。

　　洋為中用，古為今用。現代格鬥技術非常先進，如能花些時間研究現代與古代技術結合，去偽存真提升自己的理念，何樂而不為。

實用形意拳

編　著｜龐　　超
責任編輯｜祁　玉　芹

發 行 人｜蔡　森　明
出 版 者｜大展出版社有限公司
社　　址｜台北市北投區(石牌)致遠一路 2 段 12 巷 1 號
電　　話｜(02) 28236031・28236033・28233123
傳　　真｜(02) 28272069
郵政劃撥｜01669551
網　　址｜www.dah-jaan.com.tw
電子郵件｜service@dah-jaan.com.tw
登 記 證｜局版臺業字第 2171 號
承 印 者｜龍岡數位文化有限公司
裝　　訂｜佳昇興業有限公司
排 版 者｜ERIC 視覺設計
授 權 者｜電子工業出版社
初版 1 刷｜2023 年 9 月

定　　價｜380 元

國家圖書館出版品預行編目資料

實用形意拳／龐　超 編著 ──初版
────臺北市，大展出版社有限公司，2023.09
　　　面；21 公分──（形意・大成拳系列；15）
　　ISBN 978-986-346-428-0 （平裝）

1.CST: 拳術 2.CST: 中國
528.972　　　　　　　　　　　　　112012648